本书出版得到北京中周法律应用研究院专项支持

Turkey-Pharmaceutical Products（EU）（DS583）
The First WTO Appeal Arbitration Case

WTO上诉仲裁第一案

——"土耳其药品案"研究

杨国华 /著

人民出版社

目　录

缩略语

ARC，Alternative Reimbursement Commission，其他事项报销委员会

DRC，Drug Reimbursement Commission，药品报销委员会

DSB，Dispute Settlement Body，争端解决机构

DSU，Understanding on Rules and Procedures Governing the Settlement of Disputes，《关于争端解决规则与程序的谅解》

GATS，General Agreement on Trade in Services，《服务贸易总协定》

GATT，General Agreement on Tariffs and Trade，《关税与贸易总协定》

HISC，Healthcare Industries Steering Committee，医疗产业管理委员会

HSPC，Healthcare Services Pricing Commission，医疗服务定价委员

LAC，Localisation Assessment Commission，本地化评估委员会

MEEC，Medical and Economic Evaluation Commission，医疗与经济评估委员会

MPIA，Multi-Party Interim Appeal Arbitration Arrangement，《多方临时上诉仲裁安排》

SACC，Scientific and Academic Consultation Council，科学与学术咨询理事会

SCM Agreement，Agreement on Subsidies and Countervailing Measures，《补贴与反补贴措施协定》

SSI，Social Security Institution，社会保障署

TBT，Agreement on Technical Barriers to Trade，《技术性贸易壁垒协定》

TMMDA，Turkish Medicines and Medical Devices Agency，卫生部药品与医疗设备局

TPA，Turkish Pharmacists' Association，土耳

其药剂师协会

TRIMS Agreement，Agreement on Trade-Related Investment Measures，《与贸易有关的投资措施协定》

TRIPS，Agreement on Trade-Related Aspects of Intellectual Property Rights，《与贸易有关的知识产权协定》

前言

———————

2022年4月29日清晨，清华园荷塘，波光粼粼的湖水，郁郁葱葱的树木，游弋飞翔的野鸭子，亭亭玉立的石拱桥。初夏时节，嫩绿的荷叶已星星点点浮出水面，预示着满塘荷花的到来。在这些景致中漫步，同时在微信朋友圈晒几张照片，这是每日的功课。

此时收到一位朋友的微信，问我是否担任"土耳其药品案"仲裁员。我回复说没有接到通知。然而，半小时后，走进办公室，打开邮箱，发现了一封昨晚收到的邮件：恭喜你被选为仲裁员！大脑一片空白！就是在这种情况下，我开始了长达3个月的审案工作。

3个月里，有很多新鲜事：接触本案的大量资料，与另外2名仲裁员和WTO秘书处人员一起工作，与本案当事方和第三方召开听证会，等等。但是从形式上看，审案工作的核心是反复研读和反复讨论。

反复研读的，是本案的各种文件，从专家组报告到当事方和第三方提交的材料。虽然专家组报告只有144页，但是上诉仲裁的任务，是"维持、修改或推翻"（uphold, modify or reverse）专家组的某些法律结论，对该报告的准确理解是审案工作的前提。事实证明，这并非易事，包括从头至尾的通读和字斟句酌的研究，反反复复，甚至贯串了审案始终。此外，虽然上诉仲裁要审查的是"法律问题"，但是"事实问题"也常常涉及。也就是说，为了准确把握法律问题，需要了解事实问题。可想而知，在这种情况下，对专家组报告的阅读是全方位的，而且需要参照当事方和第三方所提交的大量材料。例如，在专家组阶段，当事方就提交了两轮共4份书面陈述，仅欧盟第一次书面陈述就达120页，还有 102 份证据材料。

反复讨论的，是理解专家组报告和撰写仲裁裁决。可以想象，3 位仲裁员各自阅读相关文件，可能会有不同的重点，而只有到了讨论的时候，才能取长补短，去伪存真。至于裁决的撰写，则更有可能见仁见智，磨合碰撞。审案过程体现了人类认知的特点，即只有经过讨论的知识和观点才可靠。为了审案，我们召开了几十次内部会议。

需要说明的是，反复研读和反复讨论是交织进行的，特别是讨论的效果之一，就是敦促研读。在讨论中，可能会出现对专家组报告的不同理解，于是大家再次仔细研读报告。在讨论中，也可能会出现对某个法律或事实问题的不同理解，于是大家就需要认真查阅资料。

尽管审案所要处理的是专业法律问题和具体事实问题，但是我对土耳其这个国家也产生了兴趣，看了几本书，关注国际时事，内容涉及以下几个方面：其一，土耳其的古老历史与现代国家；其二，土耳其共和国的经济政策发展史；其三，土耳其与欧盟的政治经济关系（关税同盟与申请入盟）；其四，近年来，特别是 Erdogan 执政以来的政治经济政策；其五，当前土耳其内政外交状况，包括经济困境和在俄乌战争方面的微妙立场（调停、芬兰瑞典加入 NATO），甚至更改国名（从 Turkey 改为 Türkiye）。我还看了几部土耳其电影，听了不少土耳其音乐，吃了一顿土耳其大餐！我希望有一天能去土耳其旅游。如此这般，我觉得审理的案件才变得"真实"起来，而不是停留在纸面。

一切都在按部就班地进行。7 月 26 日凌晨，打开 WTO 网站，发现裁决已于前一天晚上如约公布。截了几张图发到微信朋友圈，起床洗漱，坐地铁去学校。此时的荷塘，满眼浓绿，大朵的荷花，粉的、红的，点缀其间，有些还结出了沉甸甸的莲蓬。我心中也是满满的喜悦，回想着过去 3 个月发生的事情。这是一段奇特的经历，我会详细记载下来。按照保密义务，我不能披露内部情况（文件和讨论），而根据职业操守，我不应评论本案裁决。但是我有责任从自己独特的角度予以介绍，以便研究者和学习者更加准确地理解本案，同时留下一份记录。毕竟，作为 WTO 上诉仲裁第一案，本案具有历史意义。

补注：

蔡咏洁、马铭骏、谷放和姜冯安等对书稿提出了修改意见，在此致谢。

引　子
进口药引发的国际官司

　　2013 年，土耳其开始实施一项政策，要求外国药厂到土耳其生产，否则其药品就不予列入医保报销清单。2019 年，欧盟将土耳其告到 WTO，认为这项政策违反了"国民待遇"原则。但是土耳其辩称，欧盟没有能够证明该政策的实际存在，并且即使存在，也属于 WTO 规则所允许的"政府采购"行为，而且符合"公共健康"例外。WTO 专家组经过审查，一一否定了土耳其的观点，支持了欧盟的主张。于是，土耳其决定提起上诉。

　　然而，此时 WTO 上诉机构已经没人了，无法受理案件。土耳其与欧盟达成协议，将上诉提交仲裁，使得此案成为"WTO 上诉仲裁第一案"。仲裁庭经过审理，于 2022 年 7 月 25 日做出裁决，基本上支持了专家组的结论。8 月 29 日，土耳其公开表示，愿意执行裁决。

本人有幸作为仲裁员之一，参与了本案审理。本书所讲述的，就是这样一个故事。

第一章
土耳其药品案的背景

————————

2019 年 4 月 2 日，欧盟要求与土耳其磋商，正式启动了 WTO 争端解决程序。此案就是"土耳其药品案"，全称：Turkey — Certain Measures concerning the Production, Importation and Marketing of Pharmaceutical Products；简称：Turkey — Pharmaceutical Products（EU）；编号 DS583，即 WTO 受理的第 583 个案件。① 由于磋商未果，同年 8 月 2 日，欧盟要求 WTO 设立专家组进行审查。专家组成立后，经过召开听证会等案件审理程序，于 2022 年

————————

① 案件概况参见 WTO 网站：https://www.wto.org/english/tratop_e/dispu_e/cases_e/ds583_e.htm。访问日期：2022 年 9 月 29 日。

4月25日公布裁决。按照程序，如果一方对裁决不服，可以提起上诉。然而，此时 WTO 上诉机构已经停止运作两年多，不能受理案件。[①] 在此期间欧盟等 WTO 成员达成了"上诉仲裁"安排。

本章先是介绍 WTO 争端解决机制和上诉机构的基本情况，然后详细叙述上诉仲裁的来龙去脉。

第一节　WTO 争端解决

一、WTO 争端解决机制

WTO 争端解决程序主要规定在《关于争端解决规则与程序的谅解》(Understanding on Rules and Procedures Governing the Settlement of Disputes,

---

① 有些案件被"空诉"到不复存在的上诉机构，使得专家组报告不能生效，例如"欧盟价格调整方法案 (II)"(DS494) 和"美国关税措施案"(DS543)。详见 WTO 网站：https://www.wto.org/english/tratop_e/dispu_e/appellate_body_e.htm#fntext-1。访问日期：2022 年 7 月 25 日。

DSU)。①DSU 共 27 条，内容大致为：（一）概述：
"范围和适用"、"管理"、"总则"；"磋商"、"斡旋、
调解和调停"；（二）专家组："专家组在职权范围"、
"专家组的组成"、"多个起诉方的程序"、"第三方"、
"专家组的职责"、"专家组程序"、"寻求信息的权
利"、"机密性"、"中期审议阶段"、"专家组报告的
通过"；（三）上诉机构："上诉审议"、"与专家组或
上诉机构的联系"、"专家组和上诉机构的建议"、
"争端解决机构（Dispute Settlement Body, DSB）决
定的时限"；（四）执行："对执行建议和裁决的监
督"、"补偿和终止减让"；（五）其他："多边体制的
加强"、"涉及最不发达国家成员的特殊程序"、"仲
裁"、"非违反之诉"和"秘书处的职责"等条款。

此外，DSU 有 4 个附件，即"本谅解的适用
协定"、"适用协定所含特殊或附加规则与程序"、
"工作程序"（working procedures，适用于专家组）

---

① DSU 见 WTO 网站：https://www.wto.org/english/docs_
e/legal_e/28-dsu.pdf。访问日期：2022 年 9 月 29 日。

和"专家审议小组"。不仅如此,"争端解决机构"还制定了"行为守则"(Rules of Conduct for the Understanding on the Rules and Procedures Governing the Settlement of Disputes, Rules of Conduct),上诉机构也制定了自己的"工作程序"。①

争端解决机制的整体目标,是为多边贸易体制提供安全性和可预见性,其功能在于维护成员的权利义务,以国际法习惯解释规则(customary rules of interpretation of public international law)澄清各项协议的规定。该机制的运行,由 DSB 负责,而 DSB 则由 WTO 全体成员组成。

当一个成员认为另一个成员所采取的措施影响了其应得利益的时候,就可以诉诸争端解决机制,程序分为几个步骤。当事方应当首先举行磋商(consultations),争取达成相互满意的解决办法。

---

① WTO 秘书处对争端解决所有文件进行了汇编,见:WTO Secretariat, The WTO Dispute Settlement Procedures: A Collection of the Relevant Legal Texts, Cambridge University Press, 3rd ed., 2012。

但是如果磋商不成，就可以进入"诉讼"阶段，即起诉方可以请求 DSB 设立专家组进行审理。秘书处会提出专家组成员人选，交由当事方协商确定，并且在不能达成一致的情况下，由总干事指定。专家组成员为具有国际贸易法律或政策专长的合格人士。专家组应对有关争议的事实和法律问题进行客观审查并且做出认定。专家组审理程序包括当事方和第三方提交书面材料，举行两次听证会，向当事方提交包含事实和法律认定的中期报告，以及最终报告首先提交当事方，然后以三种官方语音（英语、法语和西班牙语）向 WTO 成员公布并上传到 WTO 官方网站。

对于专家组报告，当事方可以提起上诉，上诉程序下文详述。专家组和上诉机构报告应当由 DSB 集体通过，其规则为"反向全体一致"，即除非出席 DSB 会议的所有成员全体反对，报告就应获得通过。DSB 会议通过后，报告即对当事方生效。

报告通过后，当事方应立即执行。如因特殊情况不能立即执行，当事方也可以达成一个合理执行期。如果到期后仍然不能执行，双方可以达成临时补偿协议，或者起诉方请求 DSB 授权采取贸易报复措施。如果起诉方认为败诉方的执行措施仍然存在问题，则可以再次启动诉讼程序。[1]

WTO 争端解决机制非常活跃，从 1995 年成立以来已经受理了 613 个案件。[2]"土耳其药品案"的当事方为欧盟和土耳其，其中欧盟是 WTO 争端解决机制的"常客"，涉及 201 个案件，包括 110 个起诉案件和 91 个被诉案件。[3] 相比之下，土耳其涉及的案件较少，只有 18 个案件，包括 6 个起诉案件和 12 个被诉案件（涉及反倾销、提高关税和限制进口等措施，以及空调、棉纱、大米、宠物食

---

① 以上描述主要参考资料：Appellate Body Annual Report for 2014, World Trade Organization, 2015, pp. 7-9。

② 参见 WTO 网站：https://www.wto.org/english/tratop_e/dispu_e/dispu_status_e.htm. 访问日期：2022 年 8 月 6 日。

③ 参见 WTO 网站：https://www.wto.org/english/tratop_e/dispu_e/dispu_by_country_e.htm. 访问日期：2022 年 8 月 6 日。

品、水果、纺织品服装和电影等产品。[1]

二、WTO 上诉程序

上诉程序主要规定在 DSU 第 17 条和《上诉机构工作程序》。[2]

"常设上诉机构"条款最多，共 8 款，其内容也不限于"机构"本身。DSU 规定，DSB 应设立常设上诉机构，由 7 人组成，每个案件由其中 3 人负责审理；上诉机构成员任期 4 年，可连任一次；应为公认权威人士，具备法律、国际贸易和协议相关领域的专长；不隶属于任何政府，应有 WTO 成员的广泛代表性；应随时待命，并且及时了解争端解决活动以及 WTO 的其他活动；不得参与审议可能产生利益冲突的争端。1995 年 2 月 10 日，WTO 刚刚成立，DSB 就通过了专门文件，就成立上诉机构的事项做出了具体安排，包括上诉机构的组成

---

[1] 参见 WTO 网站：https://www.wto.org/english/tratop_e/dispu_e/dispu_by_country_e.htm。访问日期：2022 年 8 月 6 日。

[2] 见 WTO 文件：WT/AB/WP/W/11。

（专长、代表性、独立性和保密、雇佣条件、遴选程序）、内部程序（即工作程序）和行政及法律支持。①DSU 和这份文件搭建了上诉机构的框架。

"上诉审议的程序"共有 4 款，简单规定了以下内容：上诉机构的程序应保密，报告应在当事方不在场的情况下做出；上诉机构的个人发表意见应匿名；上诉机构应审理（address）上诉中所提出的每一个事项；上诉机构可以维持、修改或推翻专家组的法律认定和结论。

"上诉机构报告的通过"只有一款，即第 14 款，并且只有两句话：上诉机构报告应由 DSB 通过，当事方应无条件接受（unconditionally accepted），除非经 DSB 全体一致决定不通过该报告；该通过程序不影响成员就报告表达意见的权利。

上诉程序的详细安排，体现在明确授权上诉

----

① 见 WTO 文件：Establishment of the Appellate Body, Recommendations by the Preparatory Committee for the WTO, approved by the Dispute Settlement Body on 10 February 1995（WT/DSB/1）。

机构制定"工作程序"。目前的工作程序共 32 条，分为两部分。第一部分是"成员"，内容为：职责、决策、合作、主席、分庭、分庭首席、行为守则、丧失能力、替换、辞职、过渡期。第二部分是"程序"，内容为：总则、文件、单方交流、上诉的启动、上诉方书面陈述、被上诉方书面陈述、多个上诉、修改上诉通知、第三方、转交文件、工作计划、听证会、书面答复、缺席、撤回上诉、禁止性补贴、生效及修改。此外，这个文件将《DSU 行为守则》作为附件，明确要求上诉机构成员遵守"独立"、"公正"、"保密"和"披露"等方面的纪律。这个文件虽然名为"工作程序"，但它不仅仅是一个流水账式的工作流程，很多内容是对 DSU 规定的细化和拓展。例如，负责案件审理的上诉机构成员应当尽量达成一致，但在无法达成一致的情况下以多数票表决；所有成员应"集体讨论"案件以"群策群力"并且确保裁决的协调一致；上诉机构成员应保持独立公正（independent and impartial）；上诉通知应该包含一些基本内容，例如简要说明专家组报告中的错误之处，而上诉方书面陈述中应该有更为详尽的论证，等等。

WTO 上诉机构是人类社会第一个政府间的争端解决上诉机制，1995 年成立之后，审理了 100 多起案件，为多边贸易体制提供了重要保障，为国际法治提供了重要实践，为国际法发展做出了重要贡献。然而，2017 年特朗普政府上台后，通过阻挠上诉机构成员遴选和连任的手段，使得上诉机构 7 名成员的人数逐步减少，直至 2019 年底由于不足 3 名成员而不能接收新案件，上诉机构最终停止运作。①

第二节　WTO 上诉仲裁

上诉机构危机是特朗普政府一手造成的，绝大多数 WTO 成员表示严重关注。在长达 2 年时间里，

---

① 关于上诉机构的成就和危机，参见杨国华：《丛林再现？——WTO 上诉机制的兴衰》，人民出版社 2020 年版。

其他WTO成员提出多个建议，WTO秘书处也专门协调，回应特朗普政府对上诉机构的批评，试图推动上诉机构成员的遴选和连任。与此同时，学术和实务界也献计献策，提出"替代方案"，即在特朗普政府一意孤行摧毁上诉机构的情况下，其他WTO成员可以采取的措施。"替代方案"主要有3个：强行投票，即启动WTO表决程序；另起炉灶，即另行成立上诉机构；"上诉仲裁"，即援用WTO争端解决程序中的仲裁条款。前两个方案，由于在理念和操作方面存在障碍而没有被WTO成员采纳，①但是"上诉仲裁"先是被欧盟、加拿大和挪

---

① 例如，有专家提出两套方案："WTO体制外"和"WTO体制内"。"WTO体制外"方案是指一些成员组成"争端解决之友"（The Real Friends of Dispute Settlement），立即开始谈判制定一个上诉程序或者争端解决程序，内容与DSU大致相同。现有上诉机构成员可以辞职加入新条约所设立的机制，上诉机构秘书处也可以同样处理。新法庭的费用应该由缔约方承担。"WTO体制内"方案是指启动《WTO协定》第9条第1款的多数表决程序，直接启动上诉机构成员遴选和任命。参见Guest post from Pieter Jan Kuiper, Professor of

Law at the Faculty of Law of the University of Amsterdam: http://worldtradelaw.typepad.com/ielpblog/2017/11/guest-post-from-pieter-jan-kuiper-professor-of-the-law-of-international-economic-organizations-at-the-faculty-of-law-of-th.html。

这两个方案为何未被采纳，没有看到官方解释。但是一份公开资料似乎提供了比较合理的考虑："……参加方为何……不通过投票启动上诉机构遴选程序？……第一，从规则上看，DSU 规定 DSB 应当任命上诉机构成员，且 DSB 只能以协商一致方式作出决定，未规定投票程序。WTO 协定虽然规定总理事会可以通过投票作出决定，但也明确'对于作为争端解决机构召集的总理事会的决定，应仅依 DSU 第 2.4 条的规定作出'，即只能通过协商一致的方式作出。这意味着，总理事会要绕过 DSU 的规定而通过投票启动上诉机构遴选，可能存在法律障碍。第二，从操作上看，恢复上诉机构运转需要多个步骤，如决定启动遴选、遴选委员会推荐人选、DSB 任命上诉机构成员等。如果美国执意阻挠，其可反对召开任何相关会议的会议议程、不加入遴选委员会推荐人选的共识、反对作出任何相关决定。这将意味着世贸成员需要在每个环节都进行投票，也意味着在任一环节不能获得多数支持都将陷入失败。第三，从政治上看，虽然世贸协定规定了投票程序，但世贸组织在实践中几乎没有使用过投票。在上诉机构遴选程序上启动投票，可能面临很多质疑和反对。部分成员担心一旦开启先河，投票可能会延伸到贸易谈判领域，威等成员所接受，随后得到中国等更多成员支持，成为多方机制。

一、上诉仲裁设想

最早提出上诉仲裁基本设想以及制度设计的，是世界著名律师事务所 Sidley Austin（盛德）日内瓦办事处的几名律师。他们多年从事 WTO 法律实务，代理众多国家在 WTO 打官司，具有丰富经验。鉴于 WTO 无法启动上诉机构成员遴选，在 2017 年 6 月一篇 10 页短文中，他们建议援 DSU 第 25 条"仲裁"（arbitration），暂时审理上

导致其未来在谈判中难以有效保护自身利益。而且，美国是逼停上诉机构的始作俑者，通过投票启动上诉机构遴选，可能会被解读为与美国直接对抗，这是很多世贸成员不愿做的。总之，投票缺乏技术上的可操作性和政治上的可行性，并不是解决上诉机构危机的有效途径。"参见"国际经贸在线"公众号文章："关于世贸组织多方临时上诉仲裁安排的十个问题"，2020 年 6 月 20 日。"强行投票"尚且顾虑重重，"另起炉灶"更是无从谈起。

诉案件。①

（一）DSU 第 25 条仲裁

DSU 第 25 条全文如下：

"仲裁 1. WTO 中的快速仲裁作为争端解决的一种替代手段，能够便利所涉问题已经由双方明确界定的某些争端的解决（Expeditious arbitration within the WTO as an alternative means of dispute settlement can facilitate the solution of certain disputes that concern issues that are clearly defined by both parties）。2. 除本谅解中另有规定外，诉诸仲裁需经各方同意，且各方应议定将遵循的程序。诉诸仲裁的一致意见应在仲裁程序实际开始之前尽早通报各成员。3. 只有经已同意诉诸仲裁的各方同意，其他成员方可成为仲裁程序的一方。诉讼方应同意遵守仲裁裁决。仲裁裁决应通报 DSB 和任何相关协定的理事会或委员会，任何成员均可在此类机构中

---

① Scott Andersen, et al, Using Arbitration under Article 25 of the DSU to Ensure the Availability of Appeals, Centre for Trade and Economic Integration Working Papers, CTEI-2017-17.

提出与之相关的任何问题。4.本谅解第21条和第
22条在细节上作必要修改后应适用于仲裁裁决。"

从文本看，这是一个授权条款，即 WTO 成员
之间的争端解决，除了使用一般程序，还可以使
用仲裁。① 换句话说，一般程序与仲裁是二选一的
关系；仲裁是一般程序的"替代手段"。这个理解
也符合第25条的产生背景。② 此外，从文本还可以

_____

① DSU 第5条还提出了斡旋、调解和调停等方法，但
是实践中没有案例。

② 1947 年《哈瓦那国际贸易组织宪章》(Havana Char-
ter for an International Trade Organization) 第 93 条就提到成
员可以就争端提交仲裁。1989 年关贸总协定（GATT）一份
决定 Decision on Improvements to the GATT Dispute Settlement
Rules and Procedures（L/648913, April 1989）中，提出了类似
于 DSU 第 25 条的内容，因为美国和欧洲经济共同体（EEC）
一直在推动此事。美国认为，仲裁是国际贸易中广泛使用的
争端解决形式；对于一些简易的案件，可以进行仲裁，而不必
走耗时、政治化的争端解决程序（MTN.GNG/NG13/W/6, 25
June 1987）。EEC 认为，由于仲裁不必提交理事会批准，因此
仲裁事项应为事实性的，不涉及解释问题或措施是否符合规
则（MTN.GNG/NG13/W/12, 24 September 1987）。但是实践中，

看出仲裁"三原则"：仲裁之目的是快速解决争端；仲裁在 WTO 框架内进行；仲裁适用于范围明确的争端。

第 25 条共 4 款，以上是第一款内容。随后三款进一步澄清和补充了第一款内容。例如，仲裁应经双方同意，程序应由双方议定，裁决应有约束力。这是澄清了"仲裁"的基本性质。相对于"诉讼"，"仲裁"必须有仲裁协议，即双方必须事先或事后同意将争端提交仲裁；"仲裁"一裁终局，快速高效。再如，仲裁协议和裁决应向 WTO 通报，第 21 条和第 22 条执行监督程序适用于仲裁裁决。这是证明了"仲裁在 WTO 框架内进行"。其他 WTO 成员能够了解仲裁情况，并且监督裁决的执行。然而，何为"范围明确的争端"，随后三款没有予以界定。

仲裁很少被援引，唯一成功案例是 Canada/EC – Article XXVIII Rights（DS12/2, 23 March 1990; DS12/3, 8 August 1990; DS/12R/R-37S/80, 26 October 1990; C/M/246, 23 November 1990）。在这个案件中，仲裁员确认了加拿大的谈判权。

WTO 争端解决机制中援用第 25 条的案件只有一起。2001 年，在"美国版权法第 110（5）节案"中，专家组认定美国法律不符合 WTO 规则。专家组报告通过后，欧共体与美国协议援用第 25 条，请求原专家组确定欧共体受到了多大损失。这是第一起涉及确定损害水平的案件。欧美明确表示，提起仲裁之目的在于下一步可能进行的"第 22 条程序"。[①]

第 22 条"补偿与中止减让"（compensation and suspension of concessions）规定：在不能执行专家组或上诉机构裁决的情况下，被诉方应该提供补偿（第 22 条第 2 款）；如果不能达成补偿协议，起诉方可以申请 WTO 授权报复，但是报复水平应该与损害水平相当（第 22 条第 4 款），而如果被诉方对报复水平有异议，可以提请原专家组进行"仲裁"（第 22 条第 6 款）。从第 22 条规定可以看出，对于

————————

① 仲裁裁决见 WTO 文件：WT/DS160/ARB25/1；损害水平为每年 1,219,900 欧元。本案基本情况见 WTO 网站：https://www.wto.org/english/tratop_e/dispu_e/cases_e/ds160_e.htm。访问日期：2020 年 8 月 6 日。

报复水平，双方可能会发生争议，因此需要原专家组进行确定。实践中，有不少案件援用第22条第6款"仲裁"。①但是对于补偿水平，是以双方接受和满意（mutually acceptable; satisfactory）为基础的，理论上不需要原专家组介入。也就是说，一方提出补偿建议；另一方可以欣然接受，也可以讨价还价，而在不能达成一致的情况下，就可以走到下一步"报复"程序。然而，实践中还可能出现另外一种情况，即双方不愿意走到报复这一步，而是希望原专家组确定一个损害水平，以便于达成补偿协议。本案情况恰恰如此，仲裁促进了协议达成。②简而言之，确定损害水平，既可以用于报复，

---

① DSU共有4处提到了仲裁。除了相对独立的第25条和关于报复水平的第22条第6款，还有关于执行期限的第21条第3款（c）项和要求仲裁裁决应与WTO协定保持一致的第3条第5款。

② 本案比较曲折。欧美提起第25条仲裁，显然是服务于补偿谈判，而不是中止减让，否则就会直接援引第22条第6款。仲裁裁决只是提及补偿（2.1—2.7），也佐证了这一点。然而，裁决做出后，双方仍然没有就补偿达成协议，于是欧

也可以用于补偿；前者已有第 22 条第 6 款明文规定，而后者却没有规定，于是欧美转而援用第 25 条仲裁。

在这个"孤案"中，原专家组确定了损害水平，被用于双方达成补偿协议。这显然不是第 25 条仲裁的本意，因为其文本和背景都表明，这是一般程序的"替代手段"，而不仅仅是承担全套程序中某个阶段的功能。仲裁员也提到了这个问题，将其归为"管辖权"事项，即仲裁员是否有权审理这个案件。仲裁员认为，就损害水平进行仲裁，有利于双方达成补偿协议，符合 DSU 所提出的迅速解决争端的宗旨；退一步讲，DSU 并未禁止，也对其他成员无害。有鉴于此，仲裁员宣布自己对此案有管辖权。的确，从理论上说，第 25 条可否作为此类争

共体援引第 22 条第 2 款要求 WTO 授权报复，而美国则对报复水平持有异议，援引第 22 条第 6 款提起仲裁。最后双方达成协议，中止了第 22 条第 6 款仲裁。简而言之，双方绕了一个大弯子，最后又回到了提起仲裁的初衷。详见前引本案基本情况的 WTO 网站。

端的法律依据，仲裁员能否审理，看上去是一个严格的法律问题，事关仲裁的"合法性"。然而，从实践中看，争端双方愿意请原专家组解决彼此之间的一个分歧，为此援引第 25 条，实在是无可厚非的事情。总而言之，第 25 条本意并非处理此类案件，但是并不能妨碍当事方使用。事实上，本案可能恰恰属于"范围明确的争端"，因为专家组已经就是非做出判定，双方仅就损害水平这一明确问题寻求仲裁员帮助。不仅如此，仲裁是在 WTO 框架内进行的，通报了仲裁协议，甚至使用了原专家组。耐人寻味的是，此后虽然不乏补偿案件，但是再也没有就损害水平提起的仲裁。与此同时，第 25 条再也没有被援用，成为"僵尸条款"。一个合理的猜测是，一般程序运转正常，得到了 WTO 成员的信赖。此外，仲裁需要双方达成协议，而在争议发生后达成仲裁协议不太容易。这与商事仲裁不同，因为提交仲裁是事先达成的合同条款，仲裁是强制性的。

（二）上诉仲裁安排

如果说上述案件是一项创新，创造性地援用了第 25 条，那么"上诉仲裁"（appeal arbitration）则是一场革命，彻底改变了第 25 条性质。

这份建议提出，第 25 条仲裁非常灵活，可以复制 DSU 第 17 条上诉程序；仲裁裁决能够像专家组和上诉机构裁决一样得到执行；仲裁过程能够得到上诉机构秘书处所提供的服务。在"灵活性"方面，只要双方同意即可，而不需要获得争端解决机构（Dispute Settlement Body, DSB）批准；WTO 实体法和程序法都可以适用。在"执行性"方面，仲裁裁决有约束力，并且能够得到监督执行。在"服务性"方面，过去所有仲裁案件都得到了 WTO 秘书处和 / 或上诉机构秘书处的辅助。[①] 总之，第 25 条可以成为另外一种上诉程序。随后，这份建议还对照上诉程序，对"上诉仲裁"程序进行了完整的

① 该建议指出，第 25 条仲裁以及另外两种仲裁，即第 21 条第 3 款（c）项和第 22 条第 6 款仲裁，都得到了 WTO 秘书处和 / 或上诉机构秘书处支持。

制度设计，包括上诉提起、仲裁员组成、程序时间表、第三方参与、审查范围、法律适用、决策程序、工作程序和裁决约束力等9个方面。

将仲裁作为"一审"专家组裁决的上诉程序，这个建议看上去充满了矛盾。首先，"上诉"是诉讼程序，而"仲裁"是仲裁程序，二者性质截然不同；"上诉仲裁"属于杂交新品种。其次，将仲裁用作上诉，显然不是第25条本意；以上对案例的讨论，完全适用于此处。当然，孤立地对照仲裁"三原则"，即仲裁之目的是快速解决争端、仲裁在WTO框架内进行和仲裁适用于范围明确的争端，"上诉仲裁"没有什么问题：仲裁能够迅速解决上诉机构不能运作所造成的困难，使得程序顺利进行；仲裁遵守第25条所要求的通报义务，并且几乎完全复制上诉程序；仲裁事项是来自专家组裁决中的法律适用和法律解释问题，范围非常明确。因此，像案例所遇到的问题一样，理论上可能存在问题，但是实践中可以操作。

当然，这个建议提出的背景，与案例情况不可同日而语。那个案例只是确定补偿水平的具体问题，但是这个建议却事关WTO争端解决机制的生死存亡。如果没有上诉机构，那么针对专家组裁决的上诉问题如何解决？如果不能上诉，专家组裁决是否有效？"强行投票"和"另起炉灶"，在理念和操作方面存在障碍。相比之下，"上诉仲裁"在"合法性"方面，其他成员说不出话来，并且简单易行，能够实施。换句话说，"上诉仲裁"并非完美，在超越第25条本意方面尤为突出，但是面对现实，特朗普政府执意扼杀上诉机构，其他成员不愿或很难采用强推措施，于是"上诉仲裁"就成为一时之选。

值得说明的是，这份建议提出的时候，上诉机构危机只是初步显现。由于特朗普政府阻挠，上诉机构成员不能及时补足，存在着上诉机构不能正常运转的可能性。因此，建议提到上诉机构成员人数减少，案件量却在增长，而第25条提供了另外一种渠道。也就是说，建议似乎是将第25条作为平行的上诉机制，为上诉机构分担一些案件。然而，形势发展每况愈下，上诉机构成员越来越少，WTO 努力推动遴选的前景日益渺茫，"上诉仲裁"就变成了替代手段。

二、双边上诉仲裁协议

2019 年 7 月 25 日，欧盟和加拿大向 WTO 通报了一份文件：《根据 DSU 第 25 条所提起的临时上诉仲裁》(Interim Appeal Arbitration pursuant to Article 25 of the DSU)。[①] 这份文件标志着"上诉仲裁"的民间建议已经为 WTO 成员所接受。10 月 29 日，欧盟和挪威也通报了一份类似文件。[②]

（一）基本内容

文件包括 6 项立场声明和 6 个具体安排。立场声明肯定了争端解决机制在维护多边贸易体制安全性和可预见性方面所作的贡献，其中上诉机构是必不可少的组成部分。声明认识到上诉机构成员遴选

---

① 见 WTO 文件：JOB/DSB/1/Add.11。

② 见 WTO 文件：JOB/DSB/1/Add.11/Suppl.1。

的迫切性以及 WTO 成员无法达成一致，以至于上诉机构无法履行职责的可能性。最后，声明强调了争端解决机制的基本原则和特点，包括其约束力以及专家组和上诉机构双层的裁决制度，独立公正的上诉制度。在具体安排中，双方宣布未来案件援用第 25 条进行上诉，仲裁尽量复制 WTO 上诉程序，仲裁员由前上诉机构成员担任。

相比于上述民间建议，文件没有论证第 25 条的可行性，或者"合法性"，而是直截了当宣布援用第 25 条，并且为此做出了相应安排。在复制上诉程序和使用前成员方面，文件大致采用了民间建议的方案。然而，文件是一种"事先"的制度安排，即在实际案件发生之前，双方约定将仲裁作为上诉的替代手段。这与民间建议中的个案仲裁，即在专家组程序的早期阶段达成协议，具有本质差别。前文提到第 25 条长期闲置，没人使用，其中一个原因可能是争议发生后达成仲裁协议不太容易。以此推之，在专家组阶段达成上诉仲裁协议，也会遇到被诉方不配合的问题。仲裁协议从"事后"转为"事先"，一字之差，可能就此盘活了第25条，使之成为上诉的替代方案。

（二）仲裁程序

仲裁程序是个案的程序安排，是文件的附件。也就是说，有了上诉仲裁的制度安排，双方之间的上诉案件都提交这个机制，但是具体案件审理程序，双方还应该有一个详细约定。为此，该附件就专家组报告衔接、仲裁提起、仲裁员选择、仲裁程序、仲裁范围和裁决约束力等问题作出了规定。

附件内容与民间建议所提出的"上诉仲裁"程序设计非常相似，只是考虑更加周全，为仲裁程序建立了基本框架。值得提及的是，除了一些特殊规定，例如与专家组程序无缝对接的时间安排，仲裁程序处处援引 DSU 条款，特别是有关上诉程序的第 17 条以及《上诉审议工作程序》（Working Procedures for Appellate Review），体现了仲裁在 WTO 框架内进行和复制上诉程序的特点。

三、多方上诉仲裁安排

"上诉仲裁"从民间建议到成员接受，是一个实质转变，为上诉机构的替代方案提供了一种现实路径，而从双边协议到多方安排，则让人看到了上诉机制恢复的希望。

(一)过程：声明与通报

2020年1月24日，在达沃斯世界经济论坛期间，17个成员的贸易部长发表了一份声明，决心继续推进上诉机构成员遴选工作，认为争端解决机制对于以规则为基础的贸易体制至关重要，而独立公正的上诉机制是其基本组成部分；与此同时，根据第25条建立"多方临时上诉安排"(multi-party interim appeal arrangement)。[1]声明虽然简短，但是表达了明确态度，宣布了具体行

——————————

① 这17个成员是澳大利亚、巴西、加拿大、中国、智利、哥伦比亚、哥斯达黎加、欧盟、危地马拉、韩国、墨西哥、新西兰、挪威、巴拿马、新加坡、瑞士和乌拉圭。声明见欧盟网站：https://trade.ec.europa.eu/doclib/docs/2020/january/tradoc_158596.pdf。访问日期：2020年8月6日。

动。3 月 27 日，16 个成员的贸易部长再次发表声明，宣布《多方临时上诉仲裁安排》（Multi-Party Interim Appeal Arbitration Arrangement, MPIA）已经达成。声明重申：这项安排是开放性的，欢迎任何 WTO 成员加入；是临时性的，上诉机构一旦恢复，该安排即行终止。[①] 4 月 30 日，19 个成员向 WTO 通报，[②] 随后又有一些成员加入。[③] 截至

[①] 这 16 个成员与上述 17 个成员的区别是：减少韩国和巴拿马，增加中国香港。声明见商务部网站：http://images.mofcom.gov.cn/tfs/202004/20200408172445660.pdf。MPIA 文本见商务部网站：http://images.mofcom.gov.cn/tfs/202004/20200408172445898.pdf。中文参考译文，见商务部网站：http://images.mofcom.gov.cn/tfs/202004/20200408172445772.pdf。以上网站访问日期：2020 年 8 月 6 日。

[②] 这 19 个成员是在上述 16 个成员基础上，增加了冰岛、巴基斯坦和乌克兰。通报见 WTO 文件：JOB/DSB/1/Add.12。

[③] 这些成员分别是厄瓜多尔、尼加拉瓜、贝宁、黑山、中国澳门和秘鲁见 WTO 文件：JOB/DSB/1/Add.12/Suppl.1（厄瓜多尔）；JOB/DSB/1/Add.12/Suppl.2（尼加拉瓜）；JOB/DSB/1/Add.12/Suppl.3（贝宁）；JOB/DSB/1/Add.12/Suppl.4（黑山）；JOB/DSB/1/Add.12/Suppl.6（澳门）；JOB/DSB/1/Add.12/Suppl.7（秘鲁）。

2022 年 8 月，MPIA 共有 25 个成员（加上欧盟 27 个成员国，共 52 个成员，约占 164 个 WTO 成员的 1/3）。①

多方安排的意义，不仅在于接受"上诉仲裁"的成员数量增多，更多案件的上诉能够使用这种安排，而且在于"上诉仲裁"的制度化，让人们看到了另外一个事实上的上诉机制的存在。成员参与的广泛性，使得多方安排具备了普遍性。

（二）内容：程序与人选

MPIA 成员向 WTO 通报的文件，由正文和两个附件组成。正文是 MPIA，附件一是"议定的仲裁程序"（Agreed Procedures for Arbitration），附件二是"仲裁员库的组成"（Composition of the Pool of Arbitrators）。

---

① 自 WTO 成立以来，曾经涉及上诉案件（作为上诉方和被上诉方）的成员有：澳大利亚 7 起，巴西 13 起，加拿大 23 起，中国 20 起，智利 4 起，哥伦比亚 1 起，哥斯达黎加 1 起，厄瓜多尔 1 起，欧盟 55 起，危地马拉 3 起，墨西哥 10 起，新西兰 5 起，挪威 2 起，巴基斯坦 3 起，瑞士 1 起，乌克兰 2 起。

1. 正文

正文结构与欧加和欧挪双边协议相似，由立场声明和具体安排两个部分组成。

立场声明内容大致相同，但是强调了上诉程序必须（must）成为争端解决机制的组成部分，表明了保留"二审"制度的坚定态度。不仅如此，声明还特别提出：协定解释的一致性与可预见性对于WTO成员具有重要价值。这是一个立场，也是对仲裁的具体要求，即仲裁裁决应该尽量保持与WTO上诉机构裁决的一致性。可以设想，未来的仲裁裁决中，大量先例会成为法律论证的重要组成部分。

具体安排更加综合全面，多达15项，可以分为一般规定、仲裁程序、仲裁员和杂项。

（1）一般规定。在上诉机构不能审理案件期间，参加方（participating Members）将援用第25条作为临时上诉仲裁程序；参加方将不再寻求第16条第4款和第17条的上诉。第16条第4款规定，专家组裁决一经宣布上诉即不能生效，而第17条则是关于上诉的专门规定。此处的规定，明确了参加方的选择，即使用上诉仲裁程序而不是常规上诉程序，因为使用后者就是将专家组裁决以及双方争端置于悬而未决状态。

（2）仲裁程序。上诉仲裁以第17条实体和程序内容为基础，保留其核心特征，包括独立公正性，同时提高程序效率。此处的规定，明确了上诉仲裁与常规上诉程序之间的关系，既保留了常规上诉的主要内容，特别是其独立公正性，也有所改进，提高效率。具体程序规定在附件一。

（3）仲裁员。参加方组建仲裁员库（pool of arbitrators），选出10名"对法律、国际贸易和WTO协议所涉事项有专门知识的公认权威人士"（persons of recognized authority, with demonstrated expertise in law, international trade and the subject matter of the covered agreements generally），每个案件由其中3人负责。仲裁员的条件，与第17条规定的上诉机构成员条件相同。组建仲裁员库的方法规定在附件二。

（4）杂项。当事方应该就个案签订附件一所指上诉仲裁协议（appeal arbitration agreement），但是对于内容可以有所调整；其他WTO成员可以随时加入MPIA；参加方将于一年后对该安排进行审议；参加方可以退出MPIA，但是已经签订的上诉仲裁协议仍然有效。这些规定从多边条约的角度，做出了尽量周全的安排。

2. 附件一

仲裁程序共19项，内容非常详尽，既参照常规上诉程序，又有所改进，此外还就程序细节做出了安排。

在参照上诉方面，仲裁程序与常规上诉程序大致相同，从上诉提起、仲裁员选定、仲裁范围和仲裁时限等作出了规定。此处规定仲裁应该遵循常规上诉的程序规则，其中关于上诉通知（notice of appeal）和三人仲裁庭组成方法等，还直接援引了《上诉审议工作程序》相关条款。

在程序改进方面，此处强调了仲裁员审查的事项应限于解决争端；裁决应于90日内做出；仲裁员可以就上诉范围提出建议。这些规定是为了提高仲裁效率，要求裁决不得涉及没有直接关系的内容；明确规定时限，并且仲裁员可以与当事方商量遵守时限的具体措施（例如限制当事方所提交书面材料的页数和听证会次数）；仲裁员可以建议排除一些上诉内容，特别是专家组是否已经对事实进行客观评估。然而，这些规定也让人联想到另外一个背景：特朗普政府对上诉机构的若干批评，特别是上诉机构裁决中有"咨询意见"、经常"超期裁判"和审理"事实问题"等。① 仲裁程序对常规程序的改进，似乎回应了部分批评。

在程序细节方面，此处有非常具体的安排，例如专家组将程序记录转交仲裁员，3 名仲裁员的选择方法与上诉机构程序的方法相同，审案仲裁员可

———————

① 特朗普政府对上诉机构的批评汇编在 United States Trade Representative, Report on the Appellate Body of the World Trade Organization, February 2020. 见美国贸易代表办公室网站：https://ustr.gov/sites/default/files/Report_on_the_Appellate_Body_of_the_World_Trade_Organization.pdf。访问日期：2020 年 8 月 6 日。另见前引杨国华：《丛林再现？——WTO 上诉机制的兴衰》，人民出版社 2020 年版，第 141—154 页。

以与其他仲裁员讨论案情，等等。

3. 附件二

组建仲裁员库程序有 6 项。每个参加方可以推荐一名候选人，然后由 WTO 总干事，DSB 主席，货物、服务和知识产权理事会主席以及总理事会主席等 6 人组成"预选委员会"（pre-selection committee）进行资格审查，最后由参加方经协商一致予以确定。可以看出，"预选委员会"与 WTO 上诉机构成员的"遴选委员会"（selection committee）人员相同，[①] 只是最终决定权留在参加方。

结　语

2020 年 6 月 5 日，美国大使致函 WTO 总干事，

---

① 关于上诉机构成员遴选规定，参见 WTO 文件：Establishment of the Appellate Body, Recommendations by the Preparatory Committee for the WTO, approved by the Dispute Settlement Body on 10 February 1995（WT/DSB/1）。

对 MPIA 表示反对。该函表示，MPIA 具有上诉机构性质，重复了上诉机构错误，并且为未来上诉机构提供了示范。此外，该函还提出，MPIA 不应使用 WTO 资源和经费，包括"预选"仲裁员和提供秘书支持。① 在这种情况下，MPIA 参加方仍然按期完成了仲裁员库组建工作：5 月底候选人推荐，6 月底"预选"，7 月底 10 名仲裁员确定。②

----

① https://insidetrade.com/sites/insidetrade.com/files/documents/2020/jun/wto2020_0268a.pdf. 访问日期：2020 年 8 月 6 日。

② 这些日期都是 MPIA 附件二明确规定的。共有 13 名候选人，分别来自澳大利亚、巴西、加拿大、中国、智利、哥伦比亚、哥斯达黎加、欧盟、墨西哥、新西兰、巴基斯坦、新加坡和瑞士。WTO 总干事与 DSB 主席、货物和服务理事会主席等 4 人组成"预选委员会"进行资格审查。欧盟进行了单独线上面试，全体成员举行了集体线上面试，最后确定的 10 名仲裁员是：Mr Mateo Diego-Fernández ANDRADE（墨西哥，曾任墨西哥常驻 WTO 副代表，担任多个 WTO 案件专家组成员），Mr Thomas COTTIER（瑞士，法学教授，国际著名 WTO 专家），Ms Locknie HSU（许禄义，新加坡，法学教授），Ms Valerie HUGHES（加拿大，曾任 WTO 秘书处法律部主任和上诉机构秘书处主任），Mr Alejandro JARA（智利，曾任 WTO 副总干事），

从制度设计和实际进展看，MPIA 作为上诉机制审理成员之间的案件，还要具备一些条件，甚至克服一些障碍。首先是经费。仲裁员审理和讨论案件，包括按照 MPIA 要求跟踪 WTO 争端解决活动，都需要费用支持。但是 MPIA 对此没有规定，而如果参加方希望按照第 25 条仲裁的方式，由 WTO 承担费用，似乎不太现实，而且第 25 条仲裁与常规上诉程序不同，没有提供仲裁员日常费用。① 其次是秘书。仲裁员之间联络，需要行政人员支持，而案件审理，

Mr José Alfredo Graça LIMA（巴西，曾任巴西常驻 GATT 副代表和欧共体大使），Ms Claudia OROZCO（哥伦比亚，曾任贸易部顾问，担任多个 WTO 案件专家组成员），Mr Joost PAUWE-LYN（欧盟，法学教授，国际著名 WTO 专家），Ms Penelope RIDINGS（新西兰，曾任新西兰常驻波兰大使，担任多个 WTO 案件专家组成员），Mr Guohua YANG（杨国华，中国，清华大学法学院教授，曾任商务部条约法律司副司长，负责 WTO 争端解决工作）。见 WTO 文件 JOB/DSB/1/Add.12/Suppl.5.

① 前引关于上诉机构成员遴选规定中对聘用费的安排是：每月 7000 瑞士法郎加上每日工作费用、旅费和零用，即上诉机构成员有固定工资。

需要法律秘书帮助。MPIA似乎要求WTO总干事做出相应安排，但是美国或其他成员可能会表示异议。不仅如此，在WTO秘书处之外寻找合适人员，也需要专门做出安排。最后，案件审理的场所和仲裁员沟通的模式等，也是随后需要解决的问题。这些问题，在"土耳其药品案"中都得到顺利解决。

MPIA是临时性的，能够存续多长时间和审理多少案件，都不确定。[①]此外，会有多少成员加入MPIA，在多大程度上取代上诉机构，更是难以预料。[②]（建立时更没有预料到"土耳其药品案"这

---

① 据统计，2010—2020年，参加方之间共有8起上诉案件。截至7月底，有关参加方宣布，如果一方提起上诉，以下案件将使用MPIA："加拿大商用飞机案"（Canada-Commercial Aircraft, DS522）、"哥斯达黎加鲜梨案"（Costa Rica-Fresh Avocados，DS524）、"加拿大酒类销售案"（Canada-Sale of Wine，DS537）和"哥伦比亚冷冻薯条案"（Colombia-Frozen Fries, DS591）。见WTO文件：WT/DS522/20; WT/DS524/5; WT/DS537/15; WT/DS591/3。

② 例如，尽管附件二规定两年后会改选部分仲裁员，但是新加入成员暂时无法提出候选人，可能会影响加入积极性。

种非成员使用 MPIA 的情况）。然而，在上诉机构停止运作的情况下，MPIA 能够解决几十个参加方之间的上诉问题，并且为 WTO 成员应对危机提供了一种模式，这一点是毋庸置疑的。也就是说，从理论上讲，只要大多数 WTO 成员加入 MPIA，危机给多边贸易体制所造成的紧急局面就能得到缓解。不仅如此，建立在原上诉程序之上，MPIA 会给未来更加完善的上诉机制提供经验。在这个意义上，MPIA 不仅具有实用价值，能够解决迫在眉睫的问题，而且具有历史意义，成为国际争端解决机制发展史上的里程碑。

特别值得提及的是，中国积极参与了 MPIA 的建立，在提出方案和协调配合等方面，作出了重要贡献。MPIA 达成后，有专家认为："中国、欧盟和其他 19 个世贸成员成功建立'多方临时上诉仲裁安排'，体现了各参加方的团结协作，彰显了各方

2022 年 7 月 5 日，MPIA 参加方通知 WTO，10 名仲裁员连任，任期两年。见 WTO 文件：JOB/DSB/1/Add.12/Suppl.8。

共同维护多边贸易体制的立场和信心，具有重要意义。"①7月底仲裁员库组建完成，商务部条约法律司负责人发表谈话，认为MPIA"对于维护争端解决机制的有效运转、维护以规则为基础的多边贸易体制具有重要意义"②。至于中国籍仲裁员参与审理了上诉仲裁第一案，则是后话了。

---

① 见前引"国际经贸在线"公众号文章。

② "商务部条约法律司负责人就世贸组织'多方临时上诉仲裁安排'仲裁员库成功组建发表谈话。"见商务部网站：http://www.mofcom.gov.cn/article/news/202008/20200802989107. shtml。访问日期：2020年8月6日。

第二章
土耳其药品案的事实

———————

　　像几乎所有案件一样，"土耳其药品案"的事实认定并非易事，经历了欧盟主张、土耳其抗辩和专家组认定等阶段。欧盟提出了土耳其所采取的三项措施，即"本地化要求"、"禁止进口"和"优先化措施"，专家组逐一进行了分析。①

　　本章首先对事实进行简要介绍，然后详细叙述专家组认定事实的过程。

———————

　　①　专家组报告见 WTO 文件：WT/DS583/12。

第一节　事实概述

　　由于事实认定属于专家组职责，专家组报告中对于事实有全面介绍。[①] 此外，当事方在专家组阶段所提交的书面陈述，特别是欧盟第一次书面陈述，对于案件背景有详尽描述，有助于理解本案来龙去脉。[②]

一、医保制度

　　土耳其全民健康保险制度，为居住在土耳其者提供健康服务，包括药品报销。[③] 卫生部药品与医疗设备局（Medicines and Medical Devices Agency,

---

　　① 　参见专家组报告第7.14—30段。

　　② 　本案中欧盟提交的文件，参见欧盟网站：https://circabc.europa.eu/ui/group/cd37f0ff-d492-4181-91a2-89f1da140e2f/library/b958e0bf-8448-49e8-9b6b-610bcfb95a19。访问日期：2022年7月25日。

　　③ 　2006年开始实行。参见专家组报告第2.2段。

TMMDA）主管药品登记、上市许可、定价、分类和检查。与此同时，家庭、劳工与社会服务部社会保障局（Social Security Institution, SSI）负责社会保障政策实施，包括支付药费。

药品由医生开处方，私人药店向病人提供。[①]所有药店都是土耳其药剂师协会（Turkish Pharma-cists' Association, TPA）会员。

只有 Annex 4/A 清单上的药品才能报销，而该清单由 SSI 确定。[②]清单上的药品被分为等效组，"报销价"统一。[③]药店收费由 SSI 和病人共担。根据 SSI 与 TPA 之间的安排，每家药店都与 SSI 签订标准合同，依此定期向 SSI 开具发票，而 SSI 会审核

①　住院病人的药品完全由 SSI 承担，病人不用支付费用。医院采购要通过招标程序，而对于公立医院，该程序与政府部门采购程序相同。参见专家组阶段欧盟第一次书面陈述第 12—14 段。

②　90% 在售药品都在清单上。参见专家组报告第 2.8 段。

③　活性成分相同、可以用于治疗相同疾病的药品被分为一组，是为了使用价格参照系统，以便制定统一报销价。参见专家组报告第 2.9 段。

发票后拨付。（报销过程使用电子信息系统"Medula system"。）如果公共价格高于 SSI 确定的最高报销价，病人可以补差价，或者选择等效组药品。此外，病人一般还要付给药店资助费和诊断费。[1]

二、本地化要求

"本地化要求"（localisation requirement）是一种措施，要求外国药厂承诺将其某些药品放在土耳其生产，而如果没有承诺、承诺未被接受或者未予履行，SSI 就不予报销。根据药品市场份额和同类药品在本地市场的情况，该措施分为若干阶段。在程序上，主管部门先是确定相关药品，然后通知药厂哪些药品已经被纳入本地化要求的范围。药厂与主管部门商讨逐步进行本地生产的过渡性方案并做出承诺，经主管部门接受后，定期提交进展报告。

本地化要求的政策目标，是逐步将药品进口

---

[1] 从 SSI 领取收入或退休金者，资助费为药价 10%，其他人为 20%；诊断费为三盒药 3 里拉，增加一盒再付一里拉。参见专家组报告第 2.16 段。

转化为本地生产，具体实现国内生产达到总销售额60%，其实施阶段有5项。例如，第一步涉及国内生产的市场份额超过50%的药品，并且有三家以上药厂生产两三种仿制药。2018年1月SSI公布了45种药，从2018年2月8日起进口药不再报销。其他阶段包括市场份额在10%至50%之间以及低于10%的药品。[①] 药厂实施承诺的时限，一般不超过18个月。[②]

土耳其从2013年开始实施本地化要求。本地化承诺一般包括以下内容：药厂总部批准，当地生产合同的批准（或者药厂已经与本地第三方合作或者已经拥有本地生产设备），技术转让和业绩分析。在某些情况下，药厂还就未被纳入本地化的药品做出承诺。也就是说，承诺本地化的药品，有时可以是未被要求本地化的药品，以此作为替代。[③] 在本

---

① 参见专家组报告第2.23段。

② 参见专家组报告第2.25段。

③ 替代药品应价值相同或更高。参见欧盟第一次书面陈述第103段及其脚注。

地化政策下，有些药厂将生产转移到了土耳其。①

与本地化要求相关的措施还有一项：已本地化药品禁止进口（import ban on localized products），是指已经本地化的药品不再进口。此外，还有一项优先化措施（prioritization measure），是指国产药可以得到优先审批。② 三项措施共涉及 28 个文件。

第二节　专家组认定

一、事实背景③

（一）土耳其全民健康保险制度及其政府机构

2006 年土耳其开始实施全民健康保险制度，覆盖 99% 的人口，为居住在土耳其者提供"综合、

---

①　参见欧盟第一次书面陈述第 117 段。2017 年，土耳其一些行政诉讼案件也涉及本地化要求。参见欧盟第一次书面陈述第 48 段及其脚注和第 62 段及其脚注。

②　参见专家组报告第 2.27—33 段。

③　参见专家组报告第 2.2—17 段。

公平和平等的健康服务"，包括使用药品。该制度的资金来源，主要是雇主和雇员所缴纳的社保费用，差额由公共基金提供。

卫生部是主管部门，负责药品的市场授权、定价、法律分类和检验。TMMDA 负责人用医疗产品的登记、市场批准和授权、定价、法律分类和检验。SSI 负责社会保障政策的实施，包括负责支付药品等医保产品和服务。SSI 还主管几个委员会，包括负责确定医疗服务价格以及报销数额的医疗服务定价委员会（Healthcare Services Pricing Commission, HSPC）及其分会药品报销委员会（Drug Reimbursement Commission, DRC）和其他事项报销委员会（Alternative Reimbursement Commission, ARC）。

（二）土耳其市场的药品

药品进入市场，必须拥有"优质生产"证书、营销授权、固定价格和销售许可。药品进口，进口商需要在清关时提交检验证（或控制证）。该证由卫生部签发，证明药品适合人类健康和安全，有效期 12 个月。

（三）药品报销

1. 附件 4/A 清单

药品由私营零售药店提供给病人。药店收取的费用由 SSI 和本人共同支付，而 SSI 根据药店每月提交的发票进行支付。对于住院治疗，病人直接从医院收到药品，其程序与本案所涉事项不同。

只有列在《卫生实施文件》附件 4/A 清单上的药品才能报销。SSI 负责确定哪些药品可以列入清单。土耳其称，现在市场上销售的大约 90% 药品都在清单上。清单定期修订以增加或删除某种药品，相关信息会在 SSI 网站和官方公报上发布。

清单药品分为等效组。根据相似剂量的价格对比，具有相同活性成分（物质）、可以用于相同疾病的药品属于等效组。分组与参考定价制度（或等效分类）有关，是为了统一每个组的报销价格（等效组最低价上浮 10%）。①

---

① 报销额度为基础单价上浮 10%，即市场份额至少达到 1% 的等效组中最低价药品的价格加上 10%，超出部分不予报销，而是由病人自费。参见欧盟第一次书面陈述第 19 段。详见下文。

药厂可以通过两种途径申请将药品列入清单，一个是"常规报销"，另一个是"其他报销"。根据"常规报销"途径，药厂提交的申请由科学与学术咨询理事会（Scientific and Academic Consultation Council, SACC）审查，其意见交由医疗与经济评估委员会（Medical and Economic Evaluation Commission, MEEC）讨论，最后由 DRC 做出决定。根据"其他报销"途径，药厂则向 SSI 主管的 ARC 提交申请，ARC 对文件和数据进行审查后作出决定。"其他报销"途径的药品是土耳其市场上没有的药品，即针对某些病人的创新药和高科技药，以及土耳其不能生产或不能提供的药品，因此这属于例外机制，是为了满足特殊需要。

不管是常规还是其他途径，药品都列入同一清单。然而，随后药品也可能会被"注销"（从激活（active）变为注销（passive））或删除，① 从而不

---

① 注销情形为：1. 药品被列入清单后 5 个月内，药厂没有提交分销证；2. 药品已在土耳其市场停售一年；3. 在卫生部公布的清单上，药品价格已被删除或者标记为"0"；4. 药品市

予报销。换句话说，只有列入清单且属于"激活"，药品才能报销。

2.附件4/A清单药品报销

药品由医生开处方，然后由零售药店提供。所有零售药店都是会员。根据 SSI 和 TPA 之间的安排，每个药店都与 SSI 签订标准合同，每年续签一次。[①] 基于合同，药店定期向 SSI 提供发票，SSI 审核后报销。

药品报销价低于零售价。清单药品都有"公共价"，源自供应链每个阶段的"公共折扣"。如果药品在清单中没有对应的等效组，那么 SSI 就全额支

场份额低于1%。此外，本地化要求也可能导致注销。如果注销的情形不复存在，药厂可以请求"重新激活"。

删除情形为：1.药品被列入清单后 10 个月内，药厂没有提交分销证；2.注销 10 个月后没有提出重新激活申请；3.在卫生部公布的清单上，药品价格已被删除或者标记为"0"。删除 6 个月后，药厂可以请求重新列入。

以上参见专家组报告脚注 51 和脚注 52。

① 在 26600 家药店中，25300 家签了合同，其余 1300 家可能与私营保险公司签了合同。参见专家组报告脚注 57。

付公共价；如果药品属于某个等效组，那么 SSI 就按照"内部参考定价机制"报销。每个等效组有统一报销价，为最低单价且市场份额至少达到 1% 的药品价格上浮 10%。

如果公共价高于报销价，病人需要支付差额，但是病人也可以选择没有高于报销价的等效药品。此外，一般病人要向药店支付两种费用：资助费，为药价 10%，适用于有收入或从 SSI 领取退休金者及其家属，其他人为 20%；诊断费，为 3 盒 / 件药以内 3 里拉，增加 1 盒 / 件多交 1 里拉。药店和 SSI 使用电子信息系统（Medula），药品登记、追踪和开发票可以通过单一申请进行。

二、本地化要求

欧盟认为，本案涉及三项措施。第一项是本地化要求，而另外两项，即禁止进口和优先化措施，也与本地化相关。

（一）本地化要求

1. 概述

本地化要求与一项土耳其政策目标相关，即逐步将进口药转化为国内生产。[1] 为了实现这个目标，土耳其要求外国药厂承诺进行本地化生产。[2] 而如果外国药厂不做承诺，承诺未被接受，或者承诺未能实施，有关药品就不再由 SSI 报销。主管部门除了前述政府机构，还有医疗产业管理委员会（Healthcare Industries Steering Committee, HISC）和本地化评估委员会（Localisation Assessment Commission, LAC）。对于欧盟是否证明本地化要求及其内容构成"统一措施"（single and cohesive measure），当事方存在分歧，下文将详述（见下文"2. 专家组分析"）。

----

[1] 目标是价值 60% 国内需求药品在国内生产。参见专家组报告脚注 75。

[2] 土耳其称，这并非要求所有生产都在土耳其进行，而是主要生产，即从原料（活性物质）和赋形剂（非活性物质）转化为药品最终形态（颗粒，片剂，溶液）在土耳其进行。参见专家组报告脚注 76。

（1）实施本地化要求的步骤

本地化要求有 5 个阶段，根据国内市场份额和同等产品情况，针对不同药品。第一阶段药品，在等效组中国内生产所占总市场份额超过 50%，并且有 3 家以上当地药厂在当地生产 3 种以上仿制药。2018 年 1 月 SSI 宣布，从 2 月 8 日开始，45 种第一阶段药品不再报销。第二阶段方式相同，相应数字分别为 10%—50% 和 2 家以上药厂生产 2 种以上仿制药。2017 年 1 月，TMMDA 与生产第二阶段药品的药厂开会，随后评估了有关承诺，宣布某些药品不再报销。第三阶段为低于 10% 的药品，有 1家药厂生产 1 种仿制药。第四阶段为等效组没有国内生产的药品。第五阶段为没有等效组的药品。

本地化要求的实施是动态的，有些阶段同时进行，主管当局定期检查，以确定是否出现新药，或者应该从一个阶段转到另一个阶段。[①] 如上所述，

① 土耳其解释说，转变阶段的原因是市场情况发生变化，例如第三阶段药品的市场份额超过 10%，就会被转到第二阶段。参见专家组报告脚注 88。

第一阶段和第二阶段已经实施，如果没有本地化承诺，SSI 就不再报销。当局已经与其他阶段药厂开会，邀请其提出意见，做出初步承诺，但是直至专家组设立（2019 年 9 月 30 日），这些阶段的药品仍然报销。

（2）本地化程序

本地化程序始自主管当局（主要是 TMMDA）认定相应药品。[①] 通过定期发布的通知或者个别沟通，药厂能够知道药品已经被纳入本地化要求的范围，随后受邀出席卫生部召开的会议。然后药厂会与主管当局协商，准备一份过渡方案，提交从事本地化生产的承诺。[②] 实施期限一般不超过 18 个月。药厂可以向 TMMDA 提出请求，包括延长时间或

---

① 具备有效营销授权和销售许可且位于附件 4/A 清单的所有药品，都初步认定为属于本地化要求的范围。参见专家组报告脚注 91。

② 土耳其称，承诺实质上是一项声明，说明药厂是否会在特定时间将相关药品生产转到土耳其。参见专家组报告脚注 94。

者对替代药品进行本地化。①

承诺被接受后，药厂应定期向 TMMDA 提交进展报告。如果药厂没有做出承诺，相应药品即不再报销。如果承诺被认为不妥，②或者药厂没有履行承诺，也不再报销。

2. 专家组分析

在设立专家组请求中，欧盟如此描述"本地化要求"：土耳其要求外国药厂做出承诺，将某些药品在土耳其进行本地化生产，而如果外国药厂不做承诺，承诺未被接受，或者承诺未能实施，则有关药品就从社会保障部门运营的（药店向病人售药）报销系统排除。③

---

① 承诺本地化的药品，有时可以是未被要求本地化的药品，以此作为替代。替代药品应价值相同或更高。参见欧盟第一次书面陈述第 103 段及其脚注。

② 在本地化政策下，有些药厂将生产转移到了土耳其。参见欧盟第一次书面陈述第 117 段。2017 年，土耳其一些行政诉讼案件也涉及本地化要求，包括承诺未被接受的情况。参见欧盟第一次书面陈述第 48 段及其脚注和第 62 段及其脚注。

③ 专家组请求。

欧盟将本地化要求分为两个组成部分：土耳其要求外国药厂承诺进行本地化生产，而如果不做承诺，承诺未被接受或未能履行，SSI 则不予报销。这是对措施的描述和界定，其确切内容有待相关证据予以充分证明。欧盟称该措施由众多法律文件设置、证明、实施和管理，表明这些文件就是为了证明措施的存在和设置。但是该声明并非具有将法律文件等同于措施内容的效果，而只是出于证明和解释之目的。因此，对本地化要求内容的描述与证明和实施措施的法律文件完全不同。

在专家组请求中，欧盟描述了本地化要求，但是没有实际提及任何法律文件。欧盟在书面陈述中提及措施和法律文件的方式也是如此。在第一次书面陈述中，欧盟使用了相同或类似的术语。欧盟数次提到"文件"，但是并没有消除相关措施及其如何被众多文件证明、实施或管理等之间的区别。相反，提及文件强化了二者之间的区别。例如，欧盟说文件"实施"本地化政策、"概括"本地化要求的过程和阶段、"管理"报销系统、"施加"本地化要求和使得本地化要求"生效"等。这些说法恰恰区分了措施与法律文件。

现在具体地审查一下欧盟如何论证本地化要求是"单一措施"。在第一次书面陈述中，欧盟称本地化措施为"单一、连贯的措施"，由众多文件和工具实施。在专家组请求中，欧盟使用了相同或类似的术语，然后才详细描述本地化要求的总体特征和目标、机构设置、具体实施的程序和阶段。欧盟还解释：尽管文件很多，但是这些步骤无疑都在单一本地化要求的框架内实施。在第二次书面陈述中和听证会上，欧盟也称本地化要求为"单一"措施。

欧盟称，本地化要求及其具体步骤，例如将清单上的某些药品注销（passivizaton），实施一种本地化政策，是《2014—2018发展规划》或《第64届政府行动计划》等更为宏观政策的组成部分。欧盟还称，若干证据，例如土耳其部长们和SSI等机构的声明，在"本地化要求"框架内，具体落实了当地生产、药厂承诺和清单上药品待遇等内容。这些证据包括：公私沟通，即由TMMDA和SSI共同或单独通知药厂，要求承诺本地化生产，而不做承诺就会导致药品从报销清单上移除；具体文件，即药厂未做承诺、承诺被拒绝或未能履行，药品就会"被注销，随后可能会被除名"；《2014—2018发展规划》或《第64届政府行动计划》所附文件中的明确说明；土耳其经济部和SSI所做的声明，即"本地化政策"是《2014—2018发展规划》和《第64届政府行动计划》的组成部分；政策性文件《医疗产业结构性改革方案》中提到的"进口药本地化程序"和"医疗本地化中最为重要的步骤"。

欧盟对这些因素和证据的描述，初步（prima facie）支持其结论，即存在一项本地化政策；该政策既是政府宏观规划的组成部分，也有专门的政策文件，例如《医疗产业结构性改革方案》。实践中，土耳其当局（特别是TMMDA和SSI）与药厂的单独交流，即宣布哪些药品属于本地化要求范围、对相关承诺的处理和从报销体系中"注销"或移除，证明了该措施的存在和实施。如果土耳其不提出抗辩理由，那么欧盟在第一次书面陈述中提供的解释，就初步证明本地化要求是单一措施。

土耳其认为欧盟没有证明本地化要求的存在及确切内容，但是并未否认有一种措施，药厂需要承诺本地化生产才能保证其药品留着清单上。对于以下各点，欧盟和土耳其意见一致：药品可以由于本地化措施的结果而被注销；药店就药价和其他费用向 SSI 开具发票；在报销价之外，本人要向药店支付资助费和诊断费；住院病人直接得到药品，与本案所争议制度不同；本地化要求来自政府制定的高级别文件；本地化措施要求在土耳其从事生产活动；TMMDA 确定哪些药品应该本地化；措施分为 5 个阶段，时限不确定，但是其中两个阶段已经实施；TMMDA、HISC、LAC 和 SSI 等多个主管部门参与本地化要求的实施；所有报销药（即具备有效营销授权和销售许可且位于附件 4/A 清单的所有药品）都要本地化；TMMDA 负责确定应该本地化的药厂、通知可能出现的注销和要求他们做出承诺（即做出一项声明，说明药厂是否会在特定时间将相关药品生产转到土耳其）；如果承诺被接受，还要提交其他申请；药厂必须提交进展报告，还可以申请延长时间，或者对替代药品本地化；如果没有做出本地化承诺，可以宽限一年重新考虑，而如果还是没有承诺，承诺未被接受或未能履行，则药品会被注销；药品的激活或注销状态会更新。

因此，土耳其承认存在一项本地化要求，即存在一个或若干措施，药厂需要承诺进行本地化生产才能将药品保留在清单上。土耳其的观点是，欧盟应当具体而全面地确定各种文件和工具及其如何相互关联，因为它们是所谓"单一"措施的组成部分，而准确认定所有文件是确定单一措施的前提。

如前所述，专家组不能同意土耳其的前提，即欧盟通过援引法律文件从而界定和描述了该措施内容。土耳其混淆了本地化要求的内容与证明并实施该措施的文件。在某些案件中，申诉方会通过援引法律文件来描述和界定被诉措施，从而使得法律文件与措施内容等同，成为措施本身的组成部分。在这种情况下，申诉方确实应该具体全面地确定所有文件，这样才能恰当地确定措施内容。然而，在本案中，欧盟并非通过援引法律文件界定措施内容。欧盟在专家组请求中所描述的本地化要求，是土耳其要求药厂承诺进行本地化生产，而如果不做承诺、承诺未被接受或未能履行，则不再报销。

因此，专家组不能同意土耳其的观点，即欧盟没有准确确定措施的组成部分，所以没有证明这些部分如何一起构成了单一措施。专家组也驳回了土耳其的主张，即欧盟应该准确确定文件，而欧盟没有做到，所以欧盟没有证明该措施的存在及其准确内容。

（二）其他两项措施

1. 禁止进口

在设立专家组请求中，欧盟如此描述"禁止进口"：当药品按照本地化要求在土耳其生产后，配合批准进口和营销的规则实施，药品进口就不被允许。

欧盟称，"禁止进口"由本地化要求与土耳其批准进口和营销的规则，特别是《单一授权》规则共同实施。但是土耳其认为，欧盟没有证明不同组成部分如何构成了"单一措施"，因此没有证明所谓"禁止进口"的存在及其确切内容。此外，土耳其指出，对于已经本地化的药品，并不存在进口"禁止"或"禁令"，而是相同药品，只要形式或剂量不同，就可以获得营销授权。

专家组认为，既然所谓"进口禁止"由两个部分组成，一个是本地化要求本身，另一个是《单一授权》规则，而专家组已经认定本地化要求不符合 GATT 第 3 条第 4 款（参见本书第三章第一节），因此专家组就没有必要再认定"进口禁止"是否违反 GATT（第 11 条第 1 款）。[①] 也就是说，专家组使用了司法节制（judicial economy）方法，没有分析"进口禁止"是否违反 GATT，从而没有对"禁止进口"是否存在及其确切内容做出认定。

2.优先化措施

在设立专家组请求中，欧盟如此描述"优先化措施"：即使某些进口药未被排除在报销系统之外，

---

① 该款要求 WTO 成员不得对进口设置数量限制，而欧盟认为"进口禁止"违反了该款。

国产药的审批、定价和许可也会得到优先安排。

欧盟称，在某些情况下，进口药并未由于本地化要求而被排除在清单之外，但是土耳其优先审查国产药的申请，并且定价和许可政策与程序也优先（特别是"优质生产"证书和营销授权申请）。但是土耳其认为，欧盟没有证明优先化措施的存在，因为欧盟没有指出土耳其当局正在实施的行为或做法。

根据双方争议的焦点，专家组决定，在确定欧盟是否证明优先化措施存在之前，先看看欧盟所质疑的优先化措施是什么，以及该质疑的性质（即质疑该措施"本身"（as such）、"实施"还是"普遍适用"）。

欧盟在专家组请求中的描述，上文已有介绍。在第一次书面陈述中，欧盟的描述相同，随后提到了一些"行动计划和方案"，以及《药品报销条例》和《优先化指南》，说明"整体优先化措施"的存在及内容。欧盟提到的"报销制度"，是指根据《药品报销管理》将药品纳入清单，而定价和许可政策与程序是指《优先化指南》所规定的优质生产和营销授权申请。

欧盟称"整体"，是说优先化措施体现在广泛的政策中，包括行动计划和方案以及主管当局的报告：《2014 医疗产业结构性改革方案行动计划》（实施《卫生相关产业结构性改革方案》）提到一项目标，即在报销和定价政策及许可程序中，优先药品和医疗设备在土耳其生产，加快国产药纳入清单的评估程序，通过 SSI、MOH 和 TMMDA 的定价和报销鼓励在土耳其研发；《2016 第 64 届政府行动计划》提到改进国产药的报销、定价和许可程序，SSI 应加快评估，将国产医疗产品纳入清单；《2016 第 65 届政府方案》提到，报销、定价和许可程序中，国产药品和医疗设备优先；2020 年 9 月土耳其卫生市场报告提到，卫生部将增加审批次数，改进记点式优先评估制度，以便在技术转让等条件满足的情况下优先审查；2018 年 SSI 报告提到，在报销、定价和许可程序中，所需安排和申请，应优先评估国产药品和医疗设备；2019 年 TMMDA《行政实施报告》提到一项目标，即优先评估申请，支持国内生产。土耳其并未否认这些文件中的优先化目标，但是认为目标不能等同于实际行为。

专家组注意到，在土耳其当局有裁量权，即召开特别会议或做出某种决定的情况下，当局是否"给予优先"，当事方的理解存在分歧。专家组将其分析限于这些情况对于确定优先性措施的重要性，即该措施是什么以及欧盟质疑的性质（即质疑该措施"本身"、"实施"还是"普遍适用"）。

在专家组请求中，欧盟使用了"给予优先"（gives priority）一词。在第一次书面陈述中，欧盟提到了一些行动计划和方案，对于报销、定价政策和许可程序给予了优先。对于清单，欧盟提出，国产药位于 DRC 和 MEEC 优先审查项目中，相关委员会还召开特别会议。为此，欧盟提到了《药品报销条例》中的若干条款：5（1）（g）提到，DRC 职责包括在必要时可以召开特别会议审查国产医疗产品，而不必等待同期其他申请的结论；6（1）（c）提到，DRC 主席职责包括审查 MEEC 对于国产产品申请的评估，在 DRC 特别会议上做出决定，于必要时召开特别会议；9（1）（c）提到，MEEC 职责包括优先审查国内医疗产品的申请，将其转给 DRC 主席公示而不必等待针对其他申请的结论，建议在特别会议上考虑这些问题。

类似地，欧盟认为《优先化指南》也在优质生产和营销授权申请方面，对于所有国产产品优先审查。欧盟指出了若干条款：2（1）（c）和（d）提到《优先化指南》包括对优先化请求，即涉及进口药生产转移到土耳其和用于出口的国产产品的申请，进行分析和做出决定；4（1）（c）提到，对于优质生产和有效授权申请的评估程序，从"预评"药品扩大到"上市"药品；4（1）（h）提到，"优先"是指在规定标准中优先评估申请和在评估程序中提前；6（1）提到，优先评估委员会职责包括针对优先化请求进行评估和做出决定；附件 3 是评估标准和计分表，国内生产增加系数 0.15（国内活性物质增加 0.15，在土耳其进行生物等效性研究增加 0.3）。欧盟还提交证据，说明国内生产也是享受优先的条件，并且"无优先"的许可期限为 210 天，"优先"

为 180 天，"高优先"为 150 天。

在第二次书面陈述中，欧盟指出，土耳其立法要求将国产药列在 MEEC 和 DRC 优先审查日程上，并且为此举行特别会议。关于《优先化指南》，欧盟强调其优先国产药申请，而同类进口药不能享受，并且优先评估的标准实际上是通过给国内生产增加系数的方式，要求对国内产品给予优先。欧盟还提到了与转移生产有关的优先事项。欧盟提交文件，说明转让技术时根据"记点法"享受优先审查，以及享受优先评估药品和医疗设备、享受优先评估支持国内生产的申请等情况。

综上，欧盟所质疑的优先化措施有两个方面。一个是优先列入清单，方式为 DRC 和 MEEC 优先召开会议，包括特别会议。此外，《药品报销条例》5（1）（g）的用词，实际上给 DRC 考虑国内产品开绿灯，不必等待同期其他申请的结论。换句话说，该款为国内产品的申请提供了场所和"加塞儿"（queue-jumping）机制。这一点很重要，因为 DRC 例会一年两次，而特别会议可以随时举行。关于

MEEC 会议，9（1）（c）使用了类似用词。另一个是优质生产和优先授权申请，特指优先化评估委员会在确定是否给予优先待遇时的计分制度导致较短的许可审查期限。《药品报销条例》和《优先化指南》是为了执行一些行动计划、方案和其他文件，二者都将优先化作为决策的结果和程序。

有鉴于此，欧盟并未主张在所有情况下国内产品都被给予优先，即申请处理流程更快，而是主张在批准报销、优质生产和营销授权中，对于国产药的评估优先。欧盟所主张的，是在审批程序中引入这种评估机会（例如列入 DRC 或 MEEC 议程，特别会议的作用）和标准（例如当地生产系数），而非申请本身的结果，不符合 GATT 第 3 条第 4 款（参见本书第三章第一节），因为这些措施导致了更高的实际优先机会（即更快纳入清单，优质生产和营销授权申请时间更短）。

土耳其的抗辩或证据中，没有内容与该措施的存在相抵触。土耳其没有质疑列入清单及优质生产和营销授权中的优先化目标，承认《药品报销条例》

和《优先化指南》给优先国内产品提供了可能性，也承认《优先化指南》中的计分做法。

土耳其称优先化措施并不存在，重点是说，在某些情况下，进口产品也能得到优先评估，而国内生产标准并不能决定申请的结果。但是这些因素并不影响优先化措施的存在，即在申请程序中内嵌了优先化的机会。此外，所谓进口产品得到"优先化"的机会，仅仅适用于没有"同类"国内产品的情况。

专家组认定，根据欧盟对措施的描述和证明，欧盟所质疑的是优先化措施"本身"，而不是其适用情况。

结　语

"本地化要求"是本案重点事实，专家组也着墨最多。要求外国药厂到土耳其生产，否则进口药就不能进入医保清单。这样的事实澄清一旦完成，随后的法律分析也就水到渠成了。因此，梳理"法律事实"的过程，就是为"法律分析"做铺垫。在众多文件资料中，在双方观点相反的辩论中，形成一条完整、清晰的事实链条，实非易事。

确认了"本地化要求"，专家组没有进一步认定"禁止进口"，因为前者是后者的组成部分，从裁判案件的角度，没有必要确定是否存在"禁止进口"。但是从学术研究的角度，仍然不妨追根求源，从双方提交的文件中进行辨析。值得提及的是，此处是由于法律问题的司法节制而导致的事实问题的司法机制，也就是由于不需要审查"进口禁令"是否违规，所以不需要确定"进口禁令"是否存在。

相比于"本地化要求"，"优先化措施"较为简单，专家组较快做出了认定。至此，三项措施采取不同的处理方法，呈现了本案事实的节奏感，轻重适当，张弛有度。

第三章
土耳其药品案的专家组裁决

专家组裁决是在事实认定的基础上，对涉案措施做出是否符合 WTO 规则的结论。在本案中，欧盟认为土耳其的三项措施，即"本地化要求"、"禁止进口"和"优先化措施"违反了若干条 WTO 规则，专家组逐一进行了分析。

本章将专家组裁决归纳为国民待遇、政府采购限缩、一般例外和其他事项等四个方面，详细介绍专家组的分析过程。

第一节　国民待遇

一、概述

欧盟认为，本地化要求不符合 GATT 第 3 条第 4 款（GATT III.4），因为将进口药排除在报销系统之外，则对进口药的待遇就是低于国产药。土耳其的抗辩是该措施符合 GATT 第 3 条第 8 款（a）项（GATT III.8（a））政府采购规定，因而没有必要审查是否符合 GATT III.4。

GATT III.4 内容如下：从一个成员进口到另一成员的产品，在影响国内销售、兜售、购买、运输、分销或使用的所有法律、法规和要求方面，应给予不低于国内来源同类产品的待遇。①

---

① The products of the territory of any Member imported into the territory of any other Member shall be accorded treatment no less favourable than that accorded to like products of national origin in respect of all laws, regulations and requirements affecting their internal sale, offering for sale, purchase, transportation, distribution or use.

因此，起诉方有责任证明以下三个要素：进口产品和国内产品属于"同类产品"（like products），措施为影响国内销售、兜售、购买、运输、分销或使用的法律、法规和要求，进口产品的待遇低于（less favourable treatment）同类国内产品。欧盟就三个要素进行了论证，而土耳其没有就此提出抗辩。

二、专家组分析

土耳其没有提出抗辩，并不意味着欧盟主张就能成立。按照以前案件专家组的做法，本案专家组应该审查欧盟是否提供了证据和观点，充分确定了所质疑的措施及其作用，确定了相关 WTO 规则和义务，解释了所谓不符的依据。专家组已经认定欧盟证明了本地化措施的存在（参见本书第二章第二节），因此可以审查 GATT III.4 的要素是否得到满足。

关于第一个要素，欧盟已经初步证明国产药与进口药属于"同类产品"。本地化要求是规定外国药厂承诺进行本地化生产，否则就不能报销。因此，本地化要求所依据的唯一"区别因素"就是产地，而根据以前案例实践，在产地是唯一区别的情况下，就可以推定产品相似性。

关于第二个要素，本地化要求为影响国内销售、兜售、购买、运输、分销或使用的"要求"。GATT III.4 中的"要求"并非限于法律法规，还可以包括企业必须履行的义务和为从政府获得利益的自愿行为。从本地化要求的内容看，该措施将本地化作为报销的条件。正如欧盟所说，当遵守某些要求是为了获得利益，或者这些要求创设了购买某些产品而不是另外一些产品的动机，则这些要求就影响了产品销售、兜售或购买。

关于第三个要素，不给予较低待遇是指进口产品的竞争条件不低于国内产品。不言自明，如果一项措施给消费者（即门诊病人）创造了选择国产药而不是进口药的经济动机，就是对进口药的"较低待遇"。由于病人可以基于价格在等效药品之间进行选择,[①] 因此本地化要求就旨在通过鼓励销售、购买或使用而为国产药创设优势,从而不利于进口药,并且这显然能够影响病人的选择。

基于以上分析,专家组认为,本地化要求不符合 GATT III.4 国民待遇义务。

第二节　政府采购限缩

一、概述

土耳其的抗辩是,本地化要求属于 GATT III.8 (a) 范围,但是欧盟持不同意见。

GATT III.8 (a) 内容如下:本条规定不适用于关于政府机构采购的法律、法规或要求;采购的产品是为政府目的而购买,且并非旨在商业再销售或

---

① 具体而言,如果处方药不在清单上(即病人需要自费),则药剂师一般会告知病人,清单上有等效药品(即病人不需自费),病人可以选择。参见专家组报告脚注 477。

用于为商业销售而生产产品之目的。①

可以看出，该项是对国民待遇义务之范围的限缩（derogation），符合要求的措施就不用履行GATT III.4 国民待遇义务。② 显然，符合条件的措

---

① The provisions of this Article shall not apply to laws, regulations or requirements governing the procurement by governmental agencies of products purchased for governmental purposes and not with a view to commercial resale or with a view to use in the production of goods for commercial sale.

② "限缩"与"例外"（exception）有所区别。限缩是指某项义务的适用范围有限制，例如此处"政府采购"是对"国民待遇"义务范围的限制。因此，限缩又可以俗称"切割"（carve-out），仿佛是从一个完整的蛋糕上切下的一块。这方面的例子还有 GATT XI.1 及 XI.2，即取消数量限制的义务不适用于解决食品短缺等措施。相比之下，例外专指 GATT XX 和 XXI，即在保护公共健康和国家安全等情况下，可以采取不符合国民待遇和禁止数量限制等义务的措施。但是限缩与例外的区别基本上是形式上的："限缩"是国民待遇和禁止数量限制等条款"内嵌"的例外，而"例外"则是整个 GATT 义务的例外。参见"加拿大可再生能源案"上诉机构报告第 5.56 段，"中国原材料案"（China-Raw Materials）（DS398）上诉机构报告第 334 段，以及 WTO 秘书处研究报告：Export Prohibitions

施必须具备以下四个要素：属于政府采购的法律、法规和要求，属于政府机构购买产品（"purchase" of products by a "governmental agency"），购买须为政府目的，购买产品并非旨在商业再销售或用于为商业销售而生产产品之目的。

二、专家组分析

土耳其提出了三套理由，认为当地化要求涉及政府机构购买（purchase）了清单上的药品。首先，"购买"一词不应做狭义解释，SSI 通过支付费用"购买"了药品，尽管 SSI 没有对药品获得权利（或财产权）。SSI 报销了费用，就属于"购买"，因为 SSI 支付了药费，是最终买家（或购买者）。其次，即使按最狭义解释，"购买"必须转让法律权利，仍然是 SSI"购买"了药品，因为在药店扫描处方条形码和 Medula 系统批准提供药品那一刻，SSI

and Restrictions（https://www.wto.org/english/tratop_e/covid19_e/export_prohibitions_report_e.pdf. 23 April 2020）。

就获得了药品的权利。最后，即使这样理解不对，GATT III.8（a）仍然适用，因为药店从批发商那里购买药品，是代表 SSI 进行的，这意味着药店就是"购买"药品的"政府机构"。

对于这些理由，专家组逐一进行分析。

（一）"product purchased"一词的解释

多数情况下，政府采购都是政府获得产品，自己使用或消费，不会引起 GATT III.8（a）中的概念问题。政府一般按照国内政府采购法，通过招标程序获得产品；使用或消费产品，反映了狭义上所购产品的所有权（ownership）；为自用和消费而购买，属于狭义的"为政府目的"而购买；政府使用或消费，就不是为了"商业再销售"。

然而，GATT III.8（a）所说的政府采购限缩，却不是这种通常情形。上诉机构曾将"政府目的"解释得更为宽泛，是指政府为履行其职责，而"为政府目的而购买的产品"不仅包括政府自己消费的产品，而且包括政府为履行其公共职能而提供给受益者的产品。

在政府支付费用，而产品最终由非政府的第三方使用和消费的情况下，GATT III.8（a）的可适用性就不是那么直截了当了。如果支付费用是"购买"产品，那么就原则上属于该项，而如果支付费用是融资、报销或资助，那么就原则上不属于该项。界定何为"products purchased"以及如何将购买区别于其他交易，在其结果相同，即政府支付产品而最终由当事方使用或消费，情况更为复杂。在这些情况下，就需要确保该项的适用建立在"product purchased"一词的客观法律标准和有力解释的基础之上。

欧盟认为"purchased"应该做相对狭义解释，仅指政府获得财产的交易，但是土耳其不同意这种解释。专家组认为，根据《维也纳条约法公约》第31条第（1）款，应该按照术语通常含义并结合上下文及宗旨目标以确定"product purchased"一词含义。

在日常用语中，个人或实体购买产品，是指支付费用后取得（acquire）所有权（ownership）。事实上，取得所有权是购买产品的决定性特征，并以此区别于出租／租赁产品。如果字典使用了更为一般性和抽象性的术语，即购买是指支付金钱或等价物而获取（obtain）某物的行为，那么所获取之"某物"就是产品所有权（财产权）。①

在"purchase"上下文中，上诉机构曾经澄清，"procurement"是指政府取得产品的过程，而"purchased"是指让取得产品生效的交易类型。因此，"purchase"仅为"procurement"生效的一种交易类型。《政府采购协定》也支持这种理解。该协定第1条第2款规定，采购是指契约形式（contractual means）的采购，方式包括"purchase"、"lease"、"rental"、"hire purchase"。根据通常含义对"purchased"进行解释，即仅为政府取得产品所有权的一种交易方式，就使得购买与其他交易方式（例如租赁）有所区别。正如欧盟

① 在线 Oxford English Dictionary：https://www.oed.com/search?searchType=dictionary&q=purchase&_searchBtn=Search。参见专家组报告脚注 383。

所言，其他方式不会导致产品所有权的取得。

"product purchased" 一词还应当结合 "为政府目的" 进行解释。上诉机构曾经澄清，"product purchased for governmental purposes" 是指被政府消费或者政府为履行其公共职能而提供给受益者。在这两种情况下，政府应该都取得了产品所有权。

从 GATT1994 宗旨目标看，如果政府从未取得所有权，仅仅因为政府支付了产品费用而由非政府消费者使用就被视为政府 "购买"，则会导致 GATT III.8（a）包含了开口的保护主义措施。正如欧盟所说，政府资助的措施，例如食品券、房地产修缮补贴和购买环保产品的税收优惠，都可以当成政府机构的 "购买"。鉴于 GATT III.8（a）是国民待遇义务的限缩，如此扩大化就会损害 GATT1994 的宗旨目标。土耳其的观点是，SSI 不仅仅从事了资助活动，认为欧盟试图将 SSI 的作用削弱为资助病人购买药品。然而，即使 SSI 不仅仅从事了资助活动，土耳其也没有具体说明，如果不是取得所有权，是什么将政府购买与以下情形区别开来，即政府仅仅资助私人购买，相关产品提供给非政府受益者并由其消费。换句话说，尽管土耳其提供了一系列事实以支持其观点，[①] 但是未能提供区别"购买"与其他资助的客观法律标准。

综上所述，结合"procurement by governmental agencies of products purchased for governmental purposes"，只有在通过支付费用取得所有权的情况下，才能说政府"购买"了产品。SSI 仅仅支付费用是不够的，只有在取得产品所有权的情况下，才能说 SSI 购买发生了。下文（即（二）SSI 是否从药店购买了药品）将谈到，专家组同意土耳

---

① 土耳其称，SSI 确保将药品提供给病人，做了一切必要安排：确定哪些药品列入清单；确定药品的公共价格；与药店签约以保证在全国提供药品；通过 Medula 系统批准向病人提供药品并在收到药店发票后支付。以上安排结合在一起，使得土耳其制度属于 GATT III.8（a）范围。土耳其还称，由公共当局控制处方药购买和提供的全民健康保险制度，就属于 GATT III.8（a）范围，而与之不同的是自愿、非全覆盖、由参保者资助的制度。参见专家组报告脚注 392。

其的观点，即政府取得所有权的交易范围有所不同，并且由于产品性质不同，所有权的具体特征也有差别。然而，不管是什么情况，如果政府没有取得所有权，政府就没有"购买"，也就不属于GATT III.8（a）范围。因此，专家组不能同意土耳其观点，即SSI支付了药品费用，从而成为最终买家（或购买者）。

此外，土耳其还提出，过去是SSI自己从批发商拿药，然后通过SSI经营的药店分发给病人，但是由于这种做法不太高效，随后根据2003年《卫生改革计划》，改为零售药店分发药品。土耳其称，欧盟可能会认为，改革前的做法是政府采购，属于GATT III.8（a）范围，因为药品是通过国有药店直接分发给病人。然而，改革之后，制度本质并未改变，仅有的区别是以前由SSI承担的任务现在委托给了零售药店，因此欧盟对GATT III.8（a）的解释是形式主义，形式大于实质。

专家组不能同意土耳其的观点。首先，土耳其的说法暗含着欧盟主张"实物占有"（physical possession），但是欧盟并未将实物占有作为"购买"的要素，而是政府取得所有权。土耳其将所有权取得与实物占有混同起来了。其次，GATT III.8（a）适用于政府机构（例如国有药店和医院）购买药品并直接提供给别人，而不适用于政府支付药品费用由病人使用而没有取得所有权，这样的解释并非形式主义。

（二）SSI 是否从药店购买了药品

政府取得所有权的交易范围可以有所不同，并且由于产品性质不同，所有权的具体特征也有差别。在上文解释"purchase"的时候，专家组认为，实物占有并非"购买"的组成要素。"加拿大可再生能源案"（DS412/426）中"电力"的例子很有启发性。这种产品不能大量存储，在通过电网由公共设施传输过程中，发电与消费几乎同时进行。鉴于电力的特点，购买电力就是转移电力的权利，而非实物占有。政府机构取得某种法律权利，包括接收、分配和收费（即转售），就是转移电力权利。

因此，为确定 SSI 是否取得所有权，就需要确定 SSI 是否取得了通常与所有权相关的法律权利。在土耳其制度中，有些实体取得了药品所有权，包括私营药店从批发商买药的时候就取得了所有权，最终消费者（即病人）从药店拿药的时候就取得了所有权。

但是在土耳其报销制度中，SSI 并未取得占有、控制、排除、收益或自由处分的权利。例如，SSI 没有取得实物占有的权利。尽管实物占有权并非"购买"的组成要素，但是没有实物占有权往往意味着支付费用的实体没有取得所有权，在药品属于可以自由运输和储存商品的情况下尤其如此。这与药店和病人获得药品形成了鲜明对比。

此外，SSI 也没有取得处分权。Medula 系统批准后，药品就交给了消费者（即病人）。所有处分决定都是由大夫、药店和病人决定，SSI 并未参与选择谁收到和消费药品。换句话说，不管 SSI 是否支付，药品的处置方式是一样的，SSI 或其他政府机构并未指导、再指导病人选药。

在 Medula 系统登录和批准，并不意味着 SSI 取得了药品权利。批准是确认病人属于医保范围以及药品在清单上，药店可以按照预定价格开具发票。将批准视为一种交易，从而 SSI 获得了药品分配权，权利随即转移给病人，这样的理解不符合实际。如果这样解释，那么政府批准的任何支付都可以如此解释。此外，SSI 与 TPA 之间的安排中，也没有内容表明 SSI 取得了药品的权利。

（三）药店从批发商购买药品

土耳其说私营零售药店本身就是政府机构，这一点并不清楚。首先，在书面陈述中，土耳其称，采购（procurement）是政府，即 SSI 实施的，零售药店代表政府分配药品。也就是说，SSI 从药店购买了药品，然后药店代表 SSI 将药发给病人。然而，在回答问题时，土耳其则说：即使 SSI 与零售药店之间的交易不属于"购买"，但是显然药店从批发商买药是代表 SSI，药店本身就是政府机构。土耳其的观点是双重的，即第一重理解是 SSI 从药店买药，而如果专家组不认同这一点，则第二重理解是药店代表 SSI 从批发商买药。欧盟则指出，这是一种奇怪的理论，因为根据这种理论，"政府采购"就变成了批量购买药品而不是政府资助的向病人供药。

专家组同意土耳其的观点，即政府机构可以通过"中介"购买产品。然而，政府通过中介或若干实体的行为一起购买产品，必须导致政府取得所购买产品的所有权。在购买实体为国家（立法、行政或司法机关）的情况下，其取得产品所有权就是政府取得所有权。公共所有和控制实体所从事的购买也类似。在政府通过私营、关联第三方实体购买产品而从事交易的情况下，只要导致政府取得所有权，则该实体也可以视为 GATT III.8（a）项下的"政府机构"。不管什么情况，关键在于其他实体购买能够产生政府所有权。该项限于通过政府的采购和"购买"（procurement and "purchase" by the government）而取得产品。

当事方就 SSI 控制药店行为的程度进行了辩论。土耳其认为 SSI 对药品的取得和分发进行了全面控制，从确定清单药品，供应链中每个阶段的价格，包括 SSI 支付的"公共价格"，到向病人分发药品的方式。欧盟不同意，认为药店是通过私营销售合同，从批发商（也是私营实体）自主预订和购买药品，自主控制和管理存药（包括持有财产权），承担库存风险，这些都没有 SSI 介入。当事方辩论焦点为药店是否代表 SSI。

专家组认为，以上辩论与政府所有权问题无关。即使土耳其观点正确，SSI 控制一切，甚至可以说 SSI 指导和命令药店怎么做，但是仍然没有使得药店购买行为变成政府购买行为，因为药店取得药品所有权并不依赖于政府。如果不是如此理解，那么私营企业受到政府指示或命令购买某种产品，该指示或命令就使得私营企业成为 GATT III.8（a）项下的"政府机构"。如果是这样，那么政府对私营企业的所有当地含量要求都属于该项范围了，因为这些措施，不管是法律、法规或要求，或单独合同安排，都能使私营企业变为"政府机构"。例如，必须满足当地含量要求的私营发电厂本身就会成为代表政府的"政府机构"。

综上所述，由于 SSI 并未取得药品所有权，因此药店并不属于"政府机构"。

如前所述，符合条件的措施必须具备以下四个要素：属于政府采购的法律、法规和要求，属于政府机构购买产品，购买须为政府目的，购买产品并非旨在商业再销售或用于为商业销售而生产产品之目的。专家组已经认定本地化要求并未构成政府机构的"购买"，因此不属于 GATT III.8（a）范围。由于这是该项限缩的基本法律要素，专家组就没有必要审查其他要素。在"印度太阳能电池案"（DS456）中，专家组审查了更多要素，是为了让上诉机构在需要修改或推翻专家组解释和适用的时候拥有足够事实。但是鉴于本案情况，① 专家组认为没有必要审理其他要素。

---

① 专家组注意到，上诉机构工作已经中止两年，WTO 成员仍然未能就连线上诉机构成员达成共识。参见专家组报告脚注 436。

第三节　一般例外

一、概述

土耳其称，本地化要求属于 GATT 第 20 条（b）项 [GATT XX（b）] 下的一般例外，因其旨在（designed）确保不间断提供安全、有效和实惠的药品，为实现该目标所必需（necessary），且满足第 20 条序言的条件。土耳其还称，如果专家组认为不符合 GATT XX（b），本地化要求也符合 GATT 第 20 条（d）项 [GATT XX（d）]，属于遵守法律和法规所必需（necessary）的措施，这些法律和法规要求土耳其提供"可获得、有成效和财政可持续的医疗保障"。

欧盟认为，土耳其所宣称的目标，即确保充分获得药品属于 GATT XX（b）范围，非常关键重要，但是本地化要求并非旨在实现土耳其所说的公共健康目标，亦非实现该目标所"必需"。关于 GATT XX（b），欧盟也提出了类似观点。

GATT XX（b）内容如下：在措施的适用没有构成任意性或不公正歧视的条件下，本协定不得解释为阻止任何成员制定或实施：……（b）为保护人类、动物或植物生命或健康所必需的措施。①

GATT XX（d）内容如下：在措施的适用没有构成任意性或不公正歧视的条件下，本协定不得解释为阻止任何成员制定或实施：……（d）为确保遵守并非与本协定条款不一致的法律或法规的措施。②

------

① Subject to the requirement that such measures are not applied in a manner which would constitute a means of arbitrary or unjustifiable discrimination between countries where the same conditions prevail, or a disguised restriction on international trade, nothing in this Agreement shall be construed to prevent the adoption or enforcement by any Member of measures:

(b) necessary to protect human, animal or plant life or health;

② Subject to the requirement that such measures are not applied in a manner which would constitute a means of arbitrary or unjustifiable discrimination between countries where the same conditions prevail, or a disguised restriction on international trade,

二、专家组分析

(一) GATT XX (b)

1. 基本规定

GATT XX 为不符合其他规定的措施提供了理由，但是设定了"双层测试"：该措施属于其中一项例外，[①] 例如 (b) 项（即初步相符）；该措施之适用方式，必须符合序言的要求。具体而言，如果措施"旨在"（designed to）保护人类、动物或植物生命或健康，且为保护人类、动物或植物生命或健康所必需（necessary），则初步符合 (b) 项。

在确定措施是否为了保护人类、动物或植物生命或健康的时候，此前专家组都是先分析健康风险是否存在，而如果没有充分证据，相关措施则不为"保护"健康所必需。如果健康风险存在，专家组

---

nothing in this Agreement shall be construed to prevent the adoption or enforcement by any Member of measures:

　　(d) necessary to secure compliance with laws or regulations which are not inconsistent with the provisions of this Agreement.

　　① 共有 10 项。

则会考察措施是为了减少风险，还是其他目的。在确定是否为"旨在"的时候，专家组必须考虑所有证据，包括相关法律文件的文本，立法史，以及有关设计、结构和预期运作等方面的证据。如果措施不能实现其所宣称的目标，则没有必要继续分析是否为保护该目标所必需。

如果"旨在"能够确定，则专家组就必须审查"必需"。专家组会平衡若干因素，包括目标的重要性，措施为该目标所做贡献及其贸易限制性。专家组还会将该措施与可能存在的替代措施相对比。对于目标的重要性，专家组和上述机构所关注的是该措施所追求利益或价值的相对重要性。对于贡献，专家组会考虑定量和定性证据，其结果决定于风险的性质、所寻求目标和保护水平，以及进行分析时证据的性质、数量和质量。关于贸易限制性，可以进行定量或定性评估。关于替代措施，其性质不能仅为理论上的，应该能够让应诉方实现相同水平的保护且贸易限制性更小。替代措施的举证责任在起诉方。对这些因素的衡量是综合进行的，是将这些变量逐个评估，然后放在一起相互对比评估，最后得出总体判断。措施所追求的社会价值越是关键或重要，措施对目标的贡献越大，其效果的限制性越小，就越有可能被认为是"必需"。

初步符合（b）项后，还要满足序言的要求，即措施不能构成任意性或不合理的国别歧视，或者对于国际贸易的变相限制。

2.具体适用

（1）概述

GATT XX 一般例外条款以及其他一些协定条款，都规定 WTO 成员可以采取为保护人类生命健康所必需的措施。《与贸易有关的知识产权协定》（Agreement on Trade-Related Aspects of Intellectual Property Rights, TRIPS）第 8 条第 1 款规定，成员可以采取为保护健康和营养所必需的措施；《技术性贸易壁垒协定》（Agreement on Technical Barriers to Trade, TBT）序言确认，任何国家都不得被阻止采取为保护生命健康所必需的措施。专家组和上诉机构也反复强调，维护生命健康，包括保护人民免遭危及生命的疾病至关重要。

具体到确保人们获得药品，这也在 WTO 相关协定中得到确认。乌拉圭回合所谈判的《1994 年药品贸易协定》要求取消大多数药品及其原料的关税和费用，永久约束为零关税。2001 年《TRIPS 协定与公共健康宣言》反映了成员们的共识，即 TRIPS 的解释和适用应支持成员保护公共健康的权利，特别是促进所有人能够获得药品。2017 年生效的 TRIPS 第 31 条之二及其附件 1（b）段规定，出口成员应优先满足专利授权成员的国内市场供应，这一义务不适用于生产药品所必需且用于紧急状态的强制许可。

更为具体地确保获得药品之目标，也为各种国际机构及其文件所确认。例如，2009 年联合国人权理事会的一项决议宣称：获得药物是为了保障每个人都有权享有最高标准的身体和精神健康，因此获得药物状况的改善，意味着每年能够拯救成千上万生命；每个成员国都有责任确保所有人无差别地获得实惠、安全、有效和优质药物，特别是基础药物。

　　获得实惠药物的重要性也为多个国际组织的多种计划和出版物所认可。例如，WTO、世界知识产权组织和世界卫生组织在国际方面加强合作，支持健康技术的创新以及确保所有国家病人都能获得实惠、新创和更有效的药物。最近一份出版物《促进获得药物技术和创新第二版：公共健康、知识产权与贸易的互动》确认：获得药物和健康服务是实现每个人享有高标准健康权利的要素，促进获得药物也是联合国《可持续发展目标》组成部分，实惠的价格是获得药物的关键因素。

　　提供全民健保、确保获得药品和保护人类健康是合法的政府目标，这一点不言而喻，但是本案并未涉及质疑土耳其所宣称的目标，即防止出现安全、有效和实惠药品长期供应短缺的风险。双方对以下事项没有争议：无法获得药品对生命健康构成风险，确保充分获得药品之目标与GATT XX（b）项下之保护生命健康相关且关键而重要，WTO成员有权自由组织其社会安全和卫生制度，覆盖所有或部分药品成本的政府政策与提供全民健保、确保获得药品和保护人类健康之目标相关联。

此外，当事方认为，在 GATT XX（b）项下，WTO 成员可以在供应短缺风险实际发生之前就采取措施。本案所有第三方也持相同观点。此前有两个案件的专家组认为（j）项中的"短缺"（short supply）例外不包括潜在的未来短缺，但都是在(j)项具体措辞下做出的分析。事实上，这两个案件的专家组都认为，应对未来短缺风险的措施原则上都属于 GATT XX 其他各项或 GATS XIV 范围。其他案件专家组在 GATT XX 其他各项的做法类似。因此，专家组同意土耳其观点，即（b）项允许在实际的供应短缺风险发生之前采取预防性措施。

综上所述，本案所争议的并非土耳其所宣称目标的合法性，亦非为此目标所采取措施是否原则上属于（b）项范围，而是土耳其是否证明本地化要求是为了预防风险及为实现该目标所必需。应诉方援引（b）项，就有正面证明诸因素的举证责任。

按照传统分析路径，专家组先审查本地化措施是否初步符合（b）项。专家组将审查门槛问题，即本地化要求是否为了保护生命健康。如果答案是肯定的，则专家组继续审查其他要素，即是否为"必需"以及是否符合序言。

（2）本地化要求是否为保护人类生命健康的措施

土耳其称，过度依赖进口药品会造成长期的供应短缺风险，而本地化要求旨在应对这些风险，确保所有病人都能获得安全、有效和实惠的药品。欧盟则认为，没有证据表明风险存在，而该措施旨在促进药品行业经济发展和产业政策目标。

过度依赖基础货物或服务进口可能会导致供给侧扰乱的风险，而相关措施是为了预防这种风险，确保这些货物或服务持续优惠的供应。应诉方提出这种抗辩，并非第一次，而此前专家组和上诉机构始终要求应诉方最起码要证明所谓风险并非一种假想的可能性。因此，对于（b）项而言，像其他各项一样，援引一般例外一方必须证明风险存在的某种程度的可能性。具体到本案，土耳其应该证明过度依赖进口药品会导致短缺风险。

这方面没有严格或预设的门槛或标准。如果应诉方提出证据和理由，证明具有实质程度的可能性，则比较容易履行举证责任。相反，如果应诉方没有证明实质程度的可能性，所谓风险只是理论、抽象或假想，则比较难以履行举证责任。

土耳其称，存在一些与进口药品成本相关的经济情况：在土耳其市场的低价，可能会导致外国药品向其他市场供应；如果外国货币升值或土耳其里拉贬值，SSI 就无法支付进口药。专家组认为，这些风险的性质属于假想性的，不足以履行举证责任。特别是，针对以上两种情形，土耳其没有举出一个例子。

专家组仔细审查了几个药品短缺的情况。2012年和 2017—2019 年有些报道说出现了药品短缺。证据表明，短缺都是暂时性的，受到影响的药品很多；药品供应受到扰乱，并且短缺与进口药品相关。这种情况很严重，引起了合理关注。然而，报道中没有一个属于土耳其所说的两种情形：（1）3篇文章说药厂、批发商和药店临时囤货，以便从进口药品汇率提高或价格上涨中获利。这些短缺是由于政府宣布提价，并且有关药品是在提价后，或者在卫生部授权以更高价格销售后进入市场。(2) 1篇文章提到521种药品的供应问题，包括进口药（例如眼药水），但是多数例子都是使用进口原料在土耳其生产的药品。(3) 3篇文章提到他莫昔芬（治疗乳腺癌）、巯嘌呤（治疗白血病）和莎尔福（治疗溃疡性结肠炎）临时短缺，但是没有表明是否由于依赖进口：1篇文章援引一位官员称，他莫昔芬也有本地生产，因此过度依赖进口一说存疑；关于巯嘌呤，是与SSI声明有关，但是价格不是问题，而是进口商由于价格上涨而没有需求；关于莎尔福，1篇文章称，短缺与药厂停止在土耳其销售有关，原因是SSI没有提供合适价格，但是还有以下信息：尽管卫生部称价格已经最终与药厂商定，将开始分销，但是销售仍未发生；官方程序过长，药厂利用汇率波动盈利；替代的采购方式，包括快速许可和强制许可已经实施，药品已经以优惠价格购买。总而言之，这些文章没有提到生产他莫昔芬、巯嘌呤和莎尔福或其他药品的药厂决定停止供应土耳其市场，转而销往其他国家以获取高价，也没有提到由于外国货币升值或土耳其里拉贬值，SSI 就无法支付进口药。

土耳其还提供了主管当局之间的函件，提到了含有活性物质催产素（治疗无产期宫缩不足和产后无力）的药品和含有左旋肉碱（治疗肉碱不足）的药品短缺问题。但是这些函件没有指明含有这些物质的药品是在土耳其生产还是进口，也没有说明供应扰乱是否及如何与进口减少相关。

土耳其援引 GATT XX（b）项，就有相应的举证责任，而在没有证据表明上述药品短缺与过度依赖进口相关的情况下，土耳其所说的风险，特别是会导致未来短缺的风险，就只能归为假想。

除了属于假想之外，土耳其所描述的情形还可以归为某种程度上临时和行业的普遍性，不符合（b）项所指风险。普遍性是指所谓风险有可能在任何行业出现，影响任何市场。事实上，土耳其提到的总体经济情况并非针对药品行业，也并非针对土耳其（例如汇率浮动）。根据这种普遍性，任何WTO成员的每个行业都存在产品短缺的永久风险。按照土耳其的逻辑，为保护人类生命健康产品和行业的国际贸易自由化给（b）项下的人类生命健康带来了永久风险。

土耳其称，药品供应短缺的风险，在新冠疫情中得到证实。专家组不同意这种观点。土耳其的意思是：新冠疫情表明，安全、有效和实惠的药品短缺风险不仅仅是理论上的，因为紧急情况会导致短缺。专家组认为，新冠疫情所表明的，仅仅是任何行业的紧急情况都有可能触发任何产品的短期短缺风险。鉴于新冠疫情相关短缺的特殊性，即新型病毒、全球疫情、对新疫苗前所未有的需求和生产不足，新冠疫情与土耳其所称风险无关。唯一相关之处，就是新冠疫情引发了全球关注产品短期短缺（例如疫苗和其他药品），但是新冠疫情没有表明，过度依赖全球可获得的药品进口会导致长期短缺风险，也没有表明某些药品偶尔供应扰乱意味着所有药品供应扰乱的潜在风险。

综上所述，没有证明实质程度的可能性，所谓风险即为理论、抽象和假想。土耳其所称风险的假设性和高度普遍性，令人难以相信本地化要求是为了防止药品短缺。

专家组曾在前文提及，在确定是否为"旨在"的时候，必须考虑所有证据，包括相关法律文件的文本，立法史，以及有关设计、结构和预期运作等方面的证据。在过去一些案件中，专家组通过此项考察，认定"旨在"不能成立。在本案中，多数法律文件都没有提到公共健康目标。有些提到了，但都是总体性表述（作为整个卫生制度的总体政策目标），并没有与本地化要求或防止药品短缺目标相关联。

作为本地化要求基础的主要法律文件是《2014—2018第十个发展规划》、《医疗产业结构性改革方案行动计划》和2016年《第64届政府行动计划》。

《第十个发展规划》没有将本地化要求（或者本地化要求所援引的主要立场和目标）与公共健康

目标相关联。在关于卫生和社会保障行业的"全球趋势及对土耳其的影响"一节，没有提到短缺风险，而只是提及卫生支出预期会与全球上涨一起增加。《第十个发展规划》提到了与卫生相关的政策目标并将其与一系列政策相关联，例如转院制度的实施，卫生服务提供者和公民卫生意识的提高，药品质量和使用的控制，教育和科研活动的清晰界定，免费药品标准的确定，等等，但是没有一项与本地化要求相关。不仅如此，药品本地化生产出现在不同章节的"制造业转型"项下，表明本地化要求是产业政策目标的一部分，而不是为了实现公共政策目标。《第十个发展规划》也有"健康相关产业的结构性改革方案"。在"方案的目标和范围"部分提到，其目标是生产结构能够制造高附加值产品，向全球市场提供产品和服务，满足更多的国内药品和医疗器械需求。尽管该计划提到了满足国内需求，但是并没有提到公共健康关注，例如提供安全实惠的药品，或者应对国际市场进口供应短缺。计划还设定了目标、业绩指标和组成部分，但是都没有提到公共健康目标。

《医疗产业结构性改革方案行动计划》进一步细化了《第十个发展规划》的要素，尤其是业绩指标和组成部分，但是同样没有提到公共健康目标，而只是重复了《第十个发展规划》的说法：从长远看，土耳其成为全球药品研发和生产中心，在药品和医疗器械行业占据竞争性地位很重要，目标是生产结构能够制造高附加值产品，向全球市场提供产品和服务，满足更多的国内药品和医疗器械需求。

《第64届政府行动计划》规定了一系列必须在3个月内实施的改革，包括第46号行动：卫生部负责改进医疗设备和战略性国内药品的支付、定价和许可程序，包括加快评估程序，将国内制造的卫生产品列入支付清单；迅速许可已经申请在土耳其生产的药品；将进口药品排除在 Annex 4/A 清单之外。

由此可见，以上3个主要法律文件所追求的都不是公共健康目标，而是产业政策目标。少数提及公共健康之处，都是在宽泛背景下出现的，涉及土耳其卫生行业的一般职能。相反，在这些文件中，本地化要求的出处和目标，都是产业政策目标。

本地化要求开始实施后，TMMDA 公布了几份《战略计划》，特别是 2013—2017 年、2018—2022 年和 2019—2023 年，但是都没有进一步表明公共健康目标。

关于 2013—2017 年《战略计划》，土耳其解释说，该计划通过关联模型将《第十个发展规划》中的本地化目标与 TMMDA 战略行动联系起来。然而，《第十个发展规划》中每项目标都一般性地与 TMMDA 三项目标（提供优质、有效和安全的产品，采取必要措施减少风险和提高意识以确保正确用药，提供优秀企业）中的一项或几项相关，并且与本地化要求相关的政策跟所有三项政策都有关联。如果关联模型能够表明每项措施的目标，就可以得出如下结论：仅仅因为实施涉及 TMMDA 或 SSI，则其实施的任何措施都必然可以归为 GATT XX(b) 项下的旨在保护人类生命健康的措施。

2018—2022 年《战略计划》提到一项目标，即有强大的药品产业，就有可能保护公共健康，但是随后声明：药品行业不是对经济发展做出重大贡献，而是满足药品需求，抵御战争、传染病和可能的禁运。此项声明将国内药品产业发展与避免短缺相关联，广义上符合土耳其所主张的公共健康目标。然而，这些因素（战争、传染病和禁运）与土耳其所提出的作为过度依赖进口之风险的具体因素不一致，属于通用因素，可以用于所有行业的支持自足的观点和产业政策措施。此外，该计划是在宽泛的产业政策目标背景下提及公共健康，即从长远看，土耳其将成为全球药品研发和生产中心，在药品和医疗器械行业占据竞争性地位。

2019—2023 年卫生部《战略计划》第 6 项目标是：促进本国社会经济发展和全球健康；在卫生行业发展本国技术和增加国内生产。专家组不同意土耳其的解释，即该目标四个组成部分中的两个明确提及确保药品、生物产品和医疗设备的可获得、安全及合理使用，与本地化要求有联系。相反，第一个组成部分只提到了确保药品、生物产品和医疗设备的可获得、安全及合理使用的一般性目标，没有提及本地化。第二个组成部分是促进研发和创新、确保国产化和本地化及增加出口。这两个部分并存，没有表明与本地化有联系，最多说明二者都是促进本国社会经济发展和全球健康这一整体目标的组成部分，而不是说本地化要求具备公共健康目标。除了卫生部和TMMDA《战略计划》，土耳其还提交了一些TMMDA《行政运作与活动报告》。通过分析这些报告，确认了专家组的最初评估，即实施本地化要求的文件没有提及任何公共政策目标。例如，2016年《TMMDA活动报告》提到的目标是：增加药品和优质医疗设备的国内生产，使得生产结构能够制造高附加值产品，向全球市场提供产品和服务，满足更多的国内药品和医疗器械需求。该目标没有提到与公共健康目标相关联。关于2018年和2019年报告，土耳其称本地化生产目标体现在对公共健康和本国经济的贡献中。专家组不能同意这种观点，因为仅仅从TMMDA提到优先评估为了公共健康和本国经济的申请这一点，不能得出这个结论。

通过分析证据，专家组认定，实施本地化要求的文件没有同时提及公共健康目标，不能支持本地化要求是为保护公共健康所采取措施的说法。特别是，有些文件根本没有提及公共健康目标；有些提及公共健康目标的文件与本地化要求无关，而是在产业政策目标项下提出；有些提及公共政策目标是出于宽泛的政策考量（即与卫生制度的一般功能或卫生作为一般社会价值要素相关），而不是本地化要求；有些文件提到增加国内生产对于公共健康的潜在影响，但是这些影响并非本地化要求之目标，而是潜在的副产品，是改善国内药品产业绩效的结果。这表明土耳其政府的目标是促进国内药品产业，尤其是满足国内需求的增加。实施本地化要求的文件一般性地提到国内产业进步有利于公共健康，但是没有将此目标与具体公共健康关注相关联，例如促进安全或实惠获得药品，或者应对国内需求无法得到国际市场供应满足的风险。这进一步令人怀疑本地化要求是为了预防未来药品短缺。

以下事实强化了专家组的观点，即出现在若干文件中的本地化要求目标与公共健康目标没有合理联系。《第十个发展规划》列出了《医疗产业结构性改革方案》两项目标中的一项，即国内生产满足60%（价值）国内需求。《医疗产业结构性改革方案行动计划》以及其他相关文件也强调了这个目标。显然，作为实施《第十个发展规划》措施的本地化要求，同样寻求实现60%目标。

专家组同意土耳其观点，即每个WTO成员都有权确定发展药品行业的目标，按照可持续发展目标确保获得安全、有效和实惠的药品。但是土耳其似乎认为发展药品行业的任何目标都自动或必定是公共健康目标。专家组认为，只有在发展药品行业目标与具体公共健康目标有合理联系的情况下，发展药品行业的措施才能被视为具备公共健康目标。本地化要求所宣称的将国内生产满足国内需求的比例从40%增加到60%，与所宣布的确保持续供应安全、有效和优惠药品之间，没有合理联系，因为60%目标与公共健康之间的联系并不清晰，该目标仅仅针对整个国内需求的销售价值，业绩指标与公共健康无关。

土耳其没有解释为何及怎样 60%（而不是 40% 或 100%）与公共健康有关，各种法律文件也没有进一步澄清。专家组注意到，《医疗产业结构性改革方案》的目标，与寻求产业政策的其他方案类似，① 而这些方案中的目标与公共健康有更加清晰的联系。② 60% 这一数字是指本地生产药品在全部国内需求的销售价值中所占份额。提到销售价值而不是其他指标，例如国内生产药品的范围，或者地区或人口的需求覆盖，表明本地化要求的目标完全是产业政策，不能归为公共健康。

---

① 例如，《第十个发展规划》提到了依据国内资源的能源生产方案，目标是增加国内资源比重，包括国内国际石油和天然气钻探，将初级能源生产从 2011 年底的 28% 增加到 2018 年底的 35%；国内煤炭发电从 2012 年的 390 亿千瓦时增加到 2018 年的 600 亿千瓦时。此处明确提到了产业政策和经济发展目标，例如经济高稳增长，在能源生产中使用一切可能的国内资源。

② 例如，"健康生活和流动方案"的目标包括降低非传染性疾病的死亡率或将 19 岁以上人群肥胖率降低到 24%。

《第十个发展规划》和《医疗产业结构性改革方案行动计划》中的业绩指标进一步印证了60%目标与公共健康无关这一结论，例如出口与进口的比例，在土耳其生产医疗设备企业的数量，药品产业的雇员人数或能力使用率，但是没有任何公共健康指标。进出口比例这一指标尤其与药品持续供应目标相抵触。土耳其称，为了确保在土耳其获得药品，国内药厂也应该能够向其他国家出口药品。在专家组看来，确保在某个特定市场的供应与鼓励国内生产商出口有内在冲突。

新冠疫情使得许多WTO成员考虑增加药品的国内生产，以减少基础药品（包括原料）全球供应链扰乱的风险。此外，药品当地生产能够为供应链提供更大的可持续性，在公共健康紧急状态下尤为如此，这一点日益成为国际社会共识。例如，2021年5月世界卫生组织通过决议，要求加强药品及其他卫生技术的当地生产以改善可获得性。在当前新冠疫情背景下，存在全球药品供应链扰乱的风险，鼓励国家采取措施减少风险并且在整体上促进供应链的可持续性，包括加强本地生产。对此毋庸置疑。然而，这并不意味着 WTO 成员所采取的增加药品本地生产的所有措施都是出于公共健康目的。本案中，土耳其的本地化要求从 2016 年开始实施，而专家组的分析已经表明，土耳其没有证明该措施是为了维护公共健康。

综上所述，土耳其没有证明本地化要求属于 (b) 项所指的为了保护人类、动物或植物生命或健康。

（3）其他要素

本地化要求是否为了保护生命健康属于门槛问题，因为若非"旨在"，则不会符合 (b) 项。因此，专家组不必继续审查其他要素，即是否为"必需"以及是否符合序言。

（二）GATT XX (d)

土耳其在 (d) 项下与 (b) 项下的观点实质上是一样的。具体而言，土耳其称本地化措施旨在遵守提供可获得、有效和财政上可持续卫生保障的义务。为了履行向其民众提供充分卫生保障的义务，就有必要维持其卫生制度的可持续性，而为了确保覆盖面，就需要调节市场上药品的价格。如果药厂认为价格过低，就有可能出现供应短缺的风险。本地化要求就是为了应对这种风险，确保药品持续供应且不影响卫生制度的财政平衡。针对这种观点，欧盟重申了（b）项下"旨在"方面的观点。

尽管土耳其（b）和（d）项下提出了两套单独的抗辩，但是其观点之核心为，本地化措施是为了确保不间断获得安全、有效和优惠药品所必需，因此符合（b）项，而该措施也是为了确保遵守要求土耳其提供可获得、有效和财政上可持续卫生保障之法律，因此符合（d）项。鉴于其重合性，专家组认为其在（b）项下的分析也适用于（d）项抗辩。即使（d）项可以解释为适用于政府履行法律的措施，从专家组在（b）项的分析可以看出，土耳其并未证明本地化措施是为了确保遵守要求土耳其提供可获得、有效和财政上可持续卫生保障之法律。

第四节　其他事项

一、与本地化要求有关的其他请求与禁止进口

这些主张涉及不同事实和法律解释，但是在每个主张项下，都有当事方认为专家组应该援用司法节制，不予审查。

第一，欧盟主张，报销制度涉及《补贴与反补贴措施协定》（Agreement on Subsidies and Counter-vailing Measures, SCM Agreement）第 1 条第 1 款所指的补贴，而本地化要求使得补贴的授予依赖于使用国内而不是进口货物，因此违反了第 3 条第 1 款项（b）项。这项请求是替代性和有条件的，仅在本地化要求没有违反 GATT III.4 或其违反得到其他条款豁免的情况下，专家组才应做出裁决。对于该主张的替代性和有条件性，土耳其未予置评。

第二，欧盟主张，本地化要求除了不符合 GATT III.4，还不符合《与贸易有关的投资措施协

定 》（Agreement on Trade-Related Investment Measures，TRIMS Agreement）第 2 条第 1 款，因其构成了不符合 GATT III.4 的"与货物贸易有关的措施"。土耳其认为，如果专家组支持了欧盟关于 GATT III.4 的主张，则没有必要就该款做出裁决。

第三，欧盟主张，土耳其违反了 GATT X.1，因其没有及时公布本地化要求中普遍适用的要素、条款和条件，导致外国政府和贸易商无从知晓。土耳其认为，如果专家组支持了欧盟关于 GATT III.4 的主张，则没有必要就该款做出裁决。

第四，欧盟主张，"对本地化产品的进口禁止"不符合 GATT XI.1。土耳其认为，如果专家组支持了欧盟关于 GATT III.4 的主张，则所谓进口禁止的一个组成部分不复存在，因此没有必要就该款做出裁决。

（一）SCM Agreement 第 3 条第 1 款项（b）项

欧盟认为 SSI 直接向药店转移资金，构成了财政资助，而该资助对于病人产生了直接利益，对于土耳其生产商产生了间接利益，并且补贴的前提是病人使用国产药而不是进口药。对于欧盟的主张，土耳其逐一提出了不同意见。

专家组认为，由于已经认定措施违反 GATT III.4，并且土耳其没有能够证明符合 GATT XX（b）和（d），欧盟主张的条件没有出现，因此没有必要做出裁决。

（二）TRIMS Agreement 第 2 条第 1 款

关于能否在此处使用司法节制，当事方表达了不同观点。专家组认为应该对两个不同问题进行区分。第一个是专家组是否有权不对一项请求做出裁决。这是个法律问题，需要判断从执行角度看裁决是否为多余。如果对于这个问题的答案是肯定的，则第二个问题就是专家组是否应该行使司法节制，因为专家组在有权的情况下并不一定这样做。这不是个法律问题，由专家组根据实际情况做出决定。

TRIMS Agreement 用词及此前案例清晰表明，TRIMS Agreement 第 2 条第 1 款与 GATT III.4 之间的关系，原则上是符合了后者就符合了前者的平行义务。因此，一旦专家组认定违反了后者，原则上就没有必要再就前者做出裁决，而被诉方将其措施符合后者，从概念上就消除了所谓不符合前者措施的不符性，因为前者是禁止不符合后者的措施。具体到本案，专家组在其他请求上采用了节制的方法，决定在此处也行使司法节制。

（三）GATT X.1

欧盟称，土耳其没有公布实行本地化的程序和多个步骤，本地化的阶段及相关产品类别，提交承诺的多个步骤和期限，关于承诺的理由，主管当局接受或拒绝承诺的标准，删除或冻结产品的阶段和期限，各阶段指南（包括后续、更新或替代承诺，多样化申请），以及提交进展报告的指南。土耳其认为，欧盟改变了请求范围，提出了严重的正当程序问题，超出了专家组职责范围，并且欧盟没有证明相关措施属于 GATT X.1 范围及 / 或没有及时充分公布。

关于认定本地化要求的实质内容不符合 GATT III.4 之后，专家组是否还应该就 GATT X.1 公布问题做出裁决，当事方持不同观点。

GATT X 标题是"贸易法规的公布和实施"，其义务是措施的公布和实施，而不是其实质内容。一旦实质内容被认定不符合规则，再就其公布和实施问题做出裁决就是多余的，因为在有关成员撤销或修改措施以履行实质义务的情况下，该措施已经不复存在。就 GATT X.1 做出认定，不会影响应诉方可能采取的新措施，而只能导致现有措施的公布。

在有些案件中，专家组在可以行使司法节制的时候却就 GATT X.1 做出了裁决，并且在有些案件中，专家组有理由这样做。例如，有关成员有可能将措施修改后重新推出，实质内容符合义务，但在公布和实施方面则重复了先前做法。然而，在本案中，本地化要求与 GATT III.4 的不符性，属于该措施的内在要素，与欧盟所主张的未予公布的情况不可分割。尽管专家组不应预测土耳其将如何执行裁决，但是当事方都没有提出前述举例的可能性。有鉴于此，专家组决定行使司法节制。

WTO 上诉仲裁第一案

（四）GATT XI.1

欧盟认为，一旦药品生产本地化，结合土耳其批准进口和营销的规则，该药品进口就不被允许。土耳其则认为，欧盟没有证明不同措施如何构成了"单一措施"，没有证明属于GATT XI.1所指的国内措施，而且所谓"禁止"并不存在，因为海外生产的不同形式或剂量的同一产品能够获得营销批准。

对于是否应该行使司法节制，当事方持不同观点。专家组发现，当同一措施在GATT III.4和XI.1项下受到挑战，对其中一项行使司法节制的案件较多，但是在本案中，欧盟所质疑的是不同措施，前者为本地化要求，而后者为进口禁止，因此专家组不能基于认定一个主张而对另一个主张行使司法节制。从实施裁决的角度看，两个措施不同，对一个措施的认定不会导致另一个措施的修改或撤销。

然而，进一步看，在本案中，"进口禁止"由两个部分组成，一部分是本地化措施本身。如前所述，"进口禁止"是本地化要求与批准进口和营销规则联合运作的结果，特别体现在《单一授权》规则。当事方都同意，如果认定本地化要求不符合WTO规则，那么继续就进口禁止做出裁决就是多余的。专家组认为，对本地化要求的认定，要求土耳其修改或撤销措施，能够导致"进口禁止"不复存在。关于《单一授权》规则是否仍然会重复或发挥作用，专家组指出，欧盟并非单独挑战该规则本身，因此该规则的后果就不能归咎于专家组行使司法节制。有鉴于此，专家组决定行使司法节制。

二、优先化措施

欧盟认为，优先化措施"本身"就不符合GATT III.4。专家组依次审查起诉方有责任证明的三个要素：进口产品和国内产品属于"同类产品"，措施为影响国内销售、兜售、购买、运输、分销或使用的法律、法规和要求，进口产品的待遇低于同类国内产品。专家组认为，优先化措施不符合GATT III.4。

（一）第一个要素

欧盟已经初步证明受到优先化措施影响的国内

药品和进口药品属于同类产品，而土耳其对此没有提出抗辩。

欧盟指出，"国内药品"是指在土耳其制造的所有药品，而"进口药品"是指具有相同特征的所有进口药品。欧盟还澄清，进口产品类别中，应排除"医疗产品外国价格清单"（Annex 4/C 清单）上的药品，也就是土耳其市场上没有供应的药品。土耳其知道，欧盟没有主张这个清单上的产品受到优先化措施的影响。

欧盟还指出，"进口产品"是指那些受益于报销制度的药品，例如在本地化要求之外或已经做出本地化承诺的药品。这与专家组在初步裁决中的认定相同："进口产品"包括所有仍然处于报销制度内的进口产品，即可以被纳入 Annex 4/A 清单的药品。因此，专家组认为，优先化措施的范围影响清单上的国内制造产品及其外国相应产品。当产地是唯一监管标准的情况下，就可以推定产品的相似性，而受到本措施影响的药品，其生产国别恰恰是唯一标准。

（二）第二个要素

GATT III.4 所提的"要求"不仅仅限于法律和法规，还包括企业在法律上必须履行的义务，以及为了从政府获得利益的自愿行为。正如欧盟所说，该措施至少是作为获得一项利益（即优先审查纳入清单以及获得"优质生产"证书和营销授权）之条件的"要求"（即本地生产）。土耳其称，主管当局拥有裁量权，因此该措施就不是一项"要求"。专家组不同意这种观点。只有国产药品才受益于优先评估（例如由 DRC 和 / 或 MEEC 审查列入清单）和归类为本地生产的标准（例如"本地生产"系数），因此利益来自国内生产标准。

GATT III.4 所提的"影响"标准也满足了。正如欧盟所说，该措施影响了国内销售或兜售，因为其涉及国内产品优先申请和审查等事项，从而影响了进口产品在国内市场的竞争条件。

（三）第三个要素

正如在本地化要求部分所分析的那样，从成本看，国内产品可以报销而进口产品不能报销，显然使得国内产品具有竞争优势。同样，优先化措施范围内的国内药品可以更快列入清单，也是一种竞争优势。"优质生产"证书和营销授权申请更有可能因为满足本地生产要求而优先进入许可程序，意味着国内产品能够更快上市，因此也产生了竞争优势。正如欧盟所说，优先化措施影响了竞争条件的平等性，从该措施的设计、结构和预期运作等方面都可以看出来。

土耳其说批准程序中的"裁量权"因素消除了优先化措施所导致的"待遇低于"，专家组不同意。正如欧盟所说，优先化措施是一种内设的优先化机会（并非自动结果），进口产品不能享受，这足以认定不符合GATT III.4。

结　语

本案专家组报告中涉及的四大法律问题中，"政府采购限缩"和"一般例外"被上诉，将在仲裁裁决中得到详细分析，但是"国民待遇"和"其他事项"未被上诉，其中一些问题值得深思和研究。

关于本地化要求的"国民待遇"，土耳其没有提出抗辩，也就是默认本地化要求违反了这一规则。要求外国药厂到土耳其生产，否则进口药就不能进入医保清单，这项政策显然具有歧视性。然而，具体到"国民待遇"，也就是对国产药和进口药一视同仁，从细节看，仍然需要在专家组所确定的"三要素"基础上进一步分析。例如，从性质看，本地化要求本身如何成为歧视进口药的措施？如果承诺本地化，进口药就可以暂时留在医保清单上，此时对进口药没有歧视，而一旦本地化完成，"进口药"就不能进口，这属于"进口禁令"，涉及 XI.1，而不是 GATT III.4。只有在没有承诺本地化，或者承诺未被批准的情况下，进口药不能进入医保清单，才是受到了歧视，与清单上的国产药处于不平等竞争地位。如此看来，歧视进口药的措施不是本地化要求，而是不让进口药进入医保清单的政策。

关于"其他事项"，专家组对进口禁止相关的四个主张都行使了司法节制，但是理由不同，颇有特色。如此集中而差异化地行使司法节制，这在WTO案例中并不多见。关于优先化措施的国民待遇，专家组的"三要素"分析法似乎已经非常充分，不会像本地化要求的国民待遇一样引发疑问。

第四章
土耳其药品案的上诉仲裁

上诉仲裁涉及程序问题和实体问题，其中程序问题主要体现为双方仲裁协议和实际仲裁程序，而实体问题则是具体的法律解释和法律适用。不仅如此，仲裁中也不可避免地涉及事实的使用。①

本章先是全面介绍仲裁程序，然后详细叙述仲裁庭的实体分析过程。

---

① 仲裁裁决见 WTO 文件：WT/DS583/ARB25。

第一节　程序问题

2022 年 3 月 22 日，在专家组报告公布前，被告土耳其与原告欧盟达成仲裁协议：如果提起上诉，就援用 DSU 第 25 条（仲裁），以仲裁代替上诉。4 月 25 日，土耳其提起上诉，随即仲裁庭成立。7 月 21 日，即在协议所要求的 90 日审限内，仲裁庭做出裁决，提交当事方。

一、上诉仲裁协议

土耳其与欧盟仲裁协议的正式名称为：Turkey-Certain Measures concerning the Production, Importation and Marketing of Pharmaceutical Products（DS583）：Agreed Procedures for Arbitration under Article 25 of the DSU。[①] 协议共 4 页 19 段，大致可以分为 4 部分。

---

① 参见仲裁裁决 ANNEX A-1 及 WTO 文件：WT/DS583/10。

（一）一般规定：第1—6段

协议说明：由于上诉机构不能受理案件，双方根据 DSU 第 25 条第 2 款达成仲裁协议，约定用仲裁方式审理上诉案件；在专家组报告公布前，一方可要求专家组中止程序，以便提起仲裁。

DSU 第 25 条名为"仲裁"（Arbitration），是争端解决的"替代手段"（alternative means），此前只有一个"非典型"案例。[①] 第 2 款规定，双方应该达成协议和程序。从本协议名称"Agreed Procedures"可以看出，这就是双方的协议和程序。

专家组"中止程序"可以视为协议和程序的一部分，旨在确保专家组与仲裁程序之间的无缝对接，专家组不必公布裁决，也不必适用 DSU 裁决通过和上诉的规则。[②]DSU 第 12 条第 12 款规定，

①　"美国版权法第 110（5）节案"（DS160），详见本书第一章第二节。

②　DSU 第 16 条规定，如果没有提起上诉，专家组报告应于公布后 60 日内在争端解决机构（Dispute Settlement Body,

经原告申请，专家组可以中止程序。本协议就是依据此款，双方共同申请专家组中止程序，并且说明，此前已经提出 3 次申请，每次中止一个月，而本协议被视为又一次申请且为无限期。根据该款规定，中止超过一年，专家组职责终止。因此，从理论上说，从第一次申请中止开始，直到 2022 年 12 月 21 日，本案专家组才正式解散。①

（二）仲裁员：第 7—8 段

仲裁员选择程序精心设计，甚至颇为复杂。

协议规定，三名仲裁员从前上诉机构成员和 MPIA 仲裁员中随机抽选（randomly selected），但是要与另外一个同期案件，即土耳其作为原告的"欧盟钢

DSB）会议上获得通过。因此，如果专家组没有中止程序，按时公布裁决，则会出现如何处理上诉的问题。

① 协议提及，2021 年 12 月 20 日、2022 年 1 月 20 日和 2 月 23 日，专家组工作已经三次中止。另见 WTO 文件：WT/DS583/9。由此推论，双方的仲裁安排，早于本协议的日期 3 月 22 日。然而，由于专家组报告直到 4 月 5 日才提交双方，中止程序的申请显然并非协议所提及的"专家组报告做出之后"（第 4 段）。

铁保障措施案"（DS595）一并进行，[①] 确保一个案件有两名上诉机构成员和一名 MPIA 仲裁员，而另一个案件有一名上诉机构成员和两名 MPIA 仲裁员。如果只有一个上诉案件，则上诉机构成员和 MPIA 仲裁员各一名，第三名从混合名单中抽选。此外，首席仲裁员由仲裁员推选。还有，为了促进两案之间的一致与协调，仲裁员之间可以进行交流并交换文件。

前上诉机构成员共 27 人，[②] 而 MPIA 仲裁员共10 名。[③] 仲裁员由前上诉机构成员和 MPIA 仲裁员组成，显然是为了兼顾本案与此前案件的连续性以及仲裁案件的创新性，而将双方互诉案件"捆绑"

---

① "欧盟钢铁保障措施案"也有一个类似的仲裁协议。参见 WTO 文件：WT/595/10。该案情况参见 WTO 网站：ht-tps://www.wto.org/english/tratop_e/dispu_e/cases_e/ds595_e.htm。访问日期：2022 年 7 月 19 日。

② 其中 4 位（Christopher Beeby, Julio Lacarte-Muró, Said El-Naggar, John Lockhart）已经去世。参见 WTO 网站：https://www.wto.org/english/tratop_e/dispu_e/ab_members_descrp_e.htm。访问日期：2022 年 7 月 19 日。

③ 参见本书第一章结语。

审理，则是更为独特的安排。

（三）仲裁程序：第 9—14 段

协议明确提出，除非本协议另有规定，仲裁应该适用上诉审议程序，包括《上诉审议工作程序》和时间表以及《行为守则》。[①] 协议还特别提及，当事方提出"上诉通知"[②]、仲裁员决策[③] 和第三方参与[④] 等，都适用该程序。

协议规定，上诉应限于专家组报告中的法律事项和专家组所做法律解释。这一点与 DSU 关于上诉审议的范围相同。[⑤] 但是值得一提的是，仲裁员只能审查解决争端所必需事项，[⑥] 而这与 DSU 所要

[①] 第 11 段。《上诉审议工作程序》和时间表以及《行为守则》，参见 WTO 文件：见 WTO 文件：WT/AB/WP/W/11。另见本书第一章第一节。

[②] 第 5 段。

[③] 第 7 段。

[④] 第 16 段。

[⑤] DSU 第 17 条第 6 款。

[⑥] 第 10 段："The arbitrators shall only address those issues that are necessary for the resolution of the dispute."

求的上诉机构必须审查"每一事项"有所不同。①
也就是说，仲裁员可以不审查每一上诉事项。

协议明确要求，仲裁员应于上诉通知提出之日
起 90 日内做出裁决，为此仲裁员可以采取一些加
快程序的措施，例如限制文件页数、设定时限和听
证会时长及次数。此外，仲裁员还可以建议当事方
排除 DSU 第 11 条所规定的"对事实缺乏客观评估"
方面的请求。② 当然，是否同意排除，由当事方决
定。③ 此外，当事方也可以同意延长 90 日裁决期限。④

---

① 参见 DSU 第 17 条第 12 款："The Appellate Body shall
address each of the issues…"。

② DSU 第 11 条规定：专家组应对涉案事项进行客观评
估（objective assessment），包括对事实及其相关协议的可适
用性和一致性进行客观评估。如果当事方认为专家组没有进
行客观评估，可否提起上诉，以及上诉机构如何处理"事实"
问题，存在一定争议。此外，审查客观评估问题，也有可能
增加上诉审议的时间，甚至导致上诉机构不能在 90 日审限内
做出裁决。

③ 第 13 段及其脚注 5。

④ 第 14 段。

可以看出，关于仲裁程序的规定，显示了仲裁与上诉的相似性，同时兼顾了上诉机构危机中所涉及的问题，特别是对仲裁员权限（"上诉应限于专家组报告中的法律事项和专家组所做法律解释"）和 90 日时限的强调。至于"仲裁员只能审查解决争端所必需事项"，既是仲裁员的义务，也是对仲裁员的授权；既强调了仲裁员权限，也有利于 90 日审限的实现。[①]

（四）其他规定：第 15—19 段

仲裁裁决为终局，当事方同意服从。根据 DSU 第 25 条第 3 款规定，裁决应向争端解决机构（Dispute Settlement Body, DSB）通报，但是不需要 DSB 通过；裁决也应向相关理事会或委员会通报。[②] 此外，根据 DSU 第 25 条第 4 款，裁决执行适用 DSU 第 21 条和第 22 条。[③] 最后，当事方应将该协议通报给专家组，以便专家组作出相应安排，例如

[①]　参见杨国华前引书，脚注 2，第 141—152 页。

[②]　第 15 段。

[③]　这两个条款是监督执行以及补偿和报复等程序规定。

将相关文件移交给仲裁员。①

这些内容基本上重复了 DSU 第 25 条，只是在与专家组协调上做出了专门安排。

（五）与其他仲裁协议的对比

在本案仲裁协议之前，欧盟曾经分别与加拿大和挪威签订过双边仲裁协议，而欧盟和中国等 25 个成员也签订过"多方"仲裁协议，即 MPIA。② 这些协议的背景相同，即在上诉机构停止工作的情况下解决争端，并且在程序方面直接援引 DSU 和上诉审议程序，内容非常相似。

当然，本案仲裁协议的性质有所不同，是就个案达成的协议，而其他协议属于制度性安排，是在案件还没有发生的情况下做出的安排。这一点在 MPIA 中更为明显，因为它专门选定了仲裁员，具有"常设性"。此外，在仲裁员来源方面，双边协议中是前上诉机构成员，MPIA 有自己的仲裁员，

---

① 第 4 段。

② 参见本书第一章第二节"WTO 上诉仲裁"。

而本案却是前上诉机构成员和 MPIA 仲裁员的组合。本案当事方土耳其并非 MPIA 成员，对仲裁员来源的特殊安排可以理解。

二、上诉仲裁程序

本案实际程序是仲裁协议的具体化，主要内容见于仲裁裁决的开始部分以及作为裁决附件之一的本案《工作程序》。

（一）过程

1. 通知上诉

4 月 25 日，土耳其提交"上诉通报"（Notification of an Appeal）。① 该通报说明，根据仲裁协议第 5 段，土耳其向 DSB 通报，决定提起 DSU 第 25 条仲裁。根据该段要求和《上诉审议工作程序》规则 20，土耳其同时向欧盟、第三方和 WTO 秘书处提交"上诉通知"（Notice of Appeal）和"上诉方陈述"（Appellant

---

① 参见 WTO 文件：WT/DS583/12。

Submission）。① 上诉通知简要说明了三个上诉事项，即专家组对 GATT Article III: 8（a）、XX（b）和 XX（d）的裁决存在错误。此外，上诉通知还将专家组报告作为附件。

仲裁协议第 5 段要求上诉方在专家组中止程序后 30 日内向 WTO 秘书处提交上诉通知。仲裁协议于 3 月 25 日公布，被算作专家组中止工作的日期，因此"30 日内"的截止日期即为 4 月 25 日。此外，4 月 25 日也是"90 日"审限的起算日期，即仲裁裁决应于 7 月 25 日之前做出。

专家组报告作为上诉通知的附件公布，是一种特殊的公布方式。这可以理解为专家组已经"中止程序"，包括不能公布报告，因此只有采取变通方式公布。

2. 选定人员

根据仲裁协议第 7 段，4 月 28 日选定了 3 名仲裁员：Mateo Diego-Fernández Andrade（Mateo），

---

① 该上诉陈述没有公开。

Seung Wha Chang（张胜和），Guohua Yang（杨国华）。[1] 5 月 5 日，Mateo 被选为首席。

仲裁员是如何具体选定的，相关文件并未详述，但是仍然可以做出一些推论。首先，"捆绑"案件"欧盟钢铁保障措施案"（DS595）已经决定不上诉，[2] 因此适用仲裁协议中"只有一个上诉案件"的情形，即前上诉机构成员和 MPIA 仲裁员各一名，第 3 名从混合名单中抽选，只是前上诉机构成员和 MPIA 仲裁员中哪些人是候选人，也就是一共有多少候选人，这一点并不清楚，而前两个人是如何选定的，也不清楚。其次，从结果看，抽选的第三个人是 MPIA 仲裁员，但是具体是谁也没有明示。例如，本人并不知道属于前两个人还是第三个人，而这个问题可能很有趣，因为第三个人是抽选的"幸运儿"，而前两个人未必是抽选的。最后，

①　参见 WTO 文件：WT/DS583/13。
②　5 月 31 日，专家组报告在 DSB 会议上通过。参见 WTO 网站：https://www.wto.org/english/tratop_e/dispu_e/cases_e/ds595_e.htm。访问日期：2022 年 7 月 25 日。

三名仲裁员的情况比较清楚，其中张胜和是韩国人，前上诉机构成员；Mateo 是墨西哥人，MPIA 仲裁员；本人（杨国华）也是 MPIA 仲裁员。

此外，仲裁协议说"首席仲裁员由仲裁员推选"，但是具体如何推选也没有明示。当然，从"推选"（elect）一词可以推论，是三人合议选出一人，只是具体方法可以多种多样。①

3. 制定程序

5 月 10 日，仲裁庭与当事方举行"组织会议"（organizational meeting），制定了《工作程序》（Working Procedures），包括"工作时间表"（Working Schedule）。②

"组织会议"是仲裁庭与当事方商量工作流程，其成果体现为《工作程序》。该文件长达 5 页，事无巨细，案件流程一览无遗。从中可以看出，

---

① 根据本人对于保密义务的理解，此为内部讨论事项，本人不便披露。参见《工作程序》第 9 段。

② 参见仲裁裁决 ANNEX A-2 及 WTO 文件：WT/DS583/ARB25/Add.1。

WTO 秘书处为本案提供了人员协助。① 此外，文件电子版通过 WTO 争端在线登记系统（Disputes On-line Registry Application, DORA）和本案专用邮箱（arbitration25@wto.org）传输。②

4. 举行听证

6月3日，仲裁庭就听证会事项致函当事方和第三方，称听证会将现场进行，但是也有可能通过 Webex 远程参加。函中具体提及，由于新冠疫情方面的限制，本人前往日内瓦参加听证会有困难，因此将远程参加。③

---

① 参见《工作程序》第8段，第21段，第24段，第26段，第31段，第32段，第35段，第38段，第42段。秘书处人员名单及工作方式没有体现在公开文件中，本人不便披露。

② 参见《工作程序》第39—41段和第43段。

③ 中国采取严格的出入境防疫政策，包括限制出入境，减少和熔断航班，三周酒店隔离等等。参见"国务院联防联控机制2022年5月23日新闻发布会文字实录"，国家卫生健康委网站：http://www.nhc.gov.cn/cms-search/xxgk/getManu-scriptXxgk.htm?id=5844ed600cbe4f799ae6b9d28ee897ed。访问日期：2022年7月25日。

听证会于 6 月 21—22 日举行，仲裁庭与当事方和第三方面对面讨论案情。本人远程参加，当事方和第三方也有人远程参加。[1] 可以想象，听证会之前有很多准备工作，而听证会之后也有很多内部讨论。

5. 做出裁决

7 月 21 日，仲裁裁决英文稿提交给当事方。[2]7 月 25 日，英文、法文和西班牙文三种文本提交 DSB、货物贸易理事会、补贴与反补贴措施委员会及与贸易有关的投资措施委员会。

通报 DSB 和以上三个理事会和委员会，是仲裁协议的要求。[3] 具体而言，尽管仲裁裁决中只涉及货物贸易，但是裁决的最后建议部分援引了专家组报告，而专家组报告中又涉及了补贴和投资事项，因此另外两个委员会都属于"相关"部门。[4]

---

[1] 听证会具体情况和远程参会细节没有体现在公开文件中，本人不便披露。

[2] 本案工作语言为英文，参见《工作程序》第 4 段。

[3] 参见仲裁协议第 15 段。

[4] 参见仲裁裁决第 7.12 段。

（二）特色

如前所述，仲裁庭可以采取加快程序的措施。本案所采取的措施包括：限制书面陈述的页数和听证会上口头陈述的时间，在听证会前将问题单发给当事方和第三方，制定严格的听证会时间安排。此外，仲裁庭还采取了一些内部措施，包括频繁举行会议，在程序开始之初就撰写裁决的描述性部分，仲裁员之间讨论问题单、交换意见和起草裁决都有明确时间表。①

可想而知，这些工作都需要大量的时间投入，包括反复研读专家组报告和专家组阶段的众多文件以及当事方提交的上诉方、被上诉方和第三方陈述，起草问题单，频繁举行在线会议等。②

此处特别值得提及的是，由于土耳其提出了DSU 第 11 条请求，认为专家组"对事实缺乏客观

---

① 参见仲裁裁决脚注 30。

② 这些内容都属于内部事项，本人不便披露。

评估"，① 在组织会议和听证会上，仲裁庭都询问土耳其是否愿意排除。在得到否定答复后，仲裁庭认为该请求不会影响 90 日审限，因此没有必要正式提出排除建议。②

第二节　实体问题

一、概述

本案专家组报告的核心内容，是本地化要求违反了国民待遇原则，并且不符合"限缩"和"例外"条款。

仲裁庭简要复述了专家组所得出的法律结论：本地化要求不属于 GATT Article III: 8（a）所规定的政府采购限缩，而应当遵守 GATT Article III: 4 和 TRIMs 第 2 条第 1 款国民待遇义务；本地化要

---

① "上诉通知"第 2 页，涉及 GATT Article XX（b）的事项。

② 裁决第 2.3 段。

求不符合 GATT Article III: 4 国民待遇义务，并且不符合 GATT Article XX（b）和（d）例外条款。此外，优先化措施也不符合 GATT Article III: 4。

基于土耳其的上诉文件，仲裁庭总结了上诉所涉事项：专家组对 GATT Article III: 8（a）的解释及适用是否存在错误；专家组对 GATT Article III: 4 的认定是否应被宣布无效或应被推翻；专家组对 GATT Article XX（b）的解释及适用是否存在错误，以及是否没有依据 DSU 第 11 条进行客观评估；专家组对 GATT Article XX（d）的适用是否存在错误。这些事项可以归类为三个问题：GATT Article III: 8（a）、XX（b）和 XX（d），即"政府采购限缩"和"一般例外"。

二、政府采购限缩

GATT Article III 是"国民待遇"条款，要求在买卖、运输和分销等方面对进口产品和国内产品一视同仁。欧盟认为本地化要求不符合国民待遇义务，土耳其对此没有提出抗辩，而是主张该措施属于 Article III: 8 （a） 所规定的政府采购限缩。①

Article III: 8 （a） 全文如下：

The provisions of this Article shall not apply to laws, regulations or requirements governing the procurement by governmental agencies of products purchased for governmental purposes and not with a view to commercial resale or with a view to use in the production of goods for commercial sale.

土耳其认为，专家组的以下解释存在错误：购买（purchase）必须由政府机构（governmental agencies）实施；购买是指卖方向买方（政府机构）转移所有权。此外，在适用方面，土耳其主张 SSI 实施了采购（procurement）行为。

（一）解释：购买是否由政府机构实施

专家组的分析重点为本地化要求是否涉及政府机构"购买"了药品，而没有解释 Article III: 8 （a）"购买"是否必须由政府机构实施或者也可以由其

---

① 参见本书第三章第一节。

他实体代为实施。专家组只是简单推定购买由政府机构实施，似乎与土耳其提出其主张的方式有关，即土耳其主张是 SSI 购买了药品。

根据仲裁协议的规定，上诉应限于专家组报告中的法律问题（issues of law）和专家组所做法律解释。① 土耳其在上诉中主张购买不必由政府机构实施，同时提出"products purchased"适当解释问题，而专家组对此进行了解释和适用。由于专家组认为"products purchased"意味着政府机构实施了购买行为，土耳其所提出的解释问题就属于专家组报告中的法律问题。此外，对于 Article III: 8（a）的解释，并不涉及新的事实。有鉴于此，仲裁庭决定分析这个问题。

Article III: 8（a）是对国民待遇义务的限缩。从文本看，专家组所说的"products purchased by governmental agencies"并未出现。在英文、法文和西班牙文中，"procurement"一词的后面都直接

----

① 参见仲裁协议第 9 段。

跟着"by governmental agencies"，也就是"政府机构"所修饰的是"采购"。因此，考虑到文本和语法结构，仲裁庭认为实施采购的实体为"政府机构"。此外，从文本看，"采购"与"购买"有所不同：采购可以通过不同形式的交易实现，例如购买、租赁和出租等。换句话说，并非每个采购都需要以购买的方式实施。鉴于二者的关系，不能排除其他实体购买了某产品，却是政府机构实施了采购的情况。有鉴于此，专家组认为购买要由政府机构实施，这个理解是错误的。

（二）适用：政府机构是否采购了药品

专家组认定 SSI 没有实施"购买"行为，但是土耳其在上诉中提出，SSI 实施了"采购"行为。"采购"是指政府机构的行为和程序。"采购"的含义是"获取"（obtain）、"取得"（acquisition），即政府机构获取或取得产品。采购并不限于获得产品所有权，但是政府机构应该具备对产品某种程度的控制（a certain level of control），包括所有权或其他财产权，法律或契约权，规定价格或支付费用，使用，占有，控制，最终收益，承担商业风险等等。这些因素并非穷尽，且应整体考虑。此外，获取或取得不能等同于单纯的对获取产品进行融资或规范。

专家组在认定 SSI 没有实施"购买"行为的时候提供了很多事实，可以用于"采购"问题的分析。经过仔细分析这些事实（类似于专家组对于"购买"的分析，参见第三章第二节），仲裁庭认为，SSI 没有实施"采购"行为。SSI 对药品进行报销、确定价格并决定是否列入清单，但是占有、处分、控制和获益、获得所有权和管理库存的是药店或病人，而不是 SSI。也就是说，SSI 并未获得占有、控制、排除、获益或处分的权利。有鉴于此，本地化措施不属于 GATT Article III: 8（a）所规定的政府采购范围。

（三）其他请求

从解决争端角度出发，仲裁庭没有必要进一步审查土耳其的其他请求。采购是 GATT Article III: 8（a）的基本要素，而对采购做出了判断，就足以认定本地化要求不属于该项范围。如果进一步审查土耳其其余适用方面的请求，即"products purchased"是否属于该项的问题，不会改变仲裁庭的结论，即在药店从批发商购买药品的时候或其他情况下，SSI 都没有采购清单上的药物。因此，专家组对"products purchased"的解释（包括购买是指转移所有权）以及本地化要求不涉及政府购买清单上的药品，归于无效。

三、一般例外

（一）GATT Article XX（b）

1. 解释和适用

GATT Article XX（b）是"一般例外"的一种，即 WTO 成员可以采取"为保护人类、动物或植物生命健康所必需"的措施（measures…necessary to protect human, animal or plant life or heath）。土耳其提出这个抗辩，但专家组认为本地化要求不能满足该例外条款的条件，因为这些措施的目标并非公共健康，而是产业政策。土耳其认为，专家组对该项的解释和适用是错误的。

在解释方面，仲裁庭需要解决三个问题：专家组是否混淆了法律标准中的"旨在"（design）和"必需"（necessary）两个步骤；专家组是否错误地要求措施所针对的健康风险达到实质可能的程度，从而使得措施确实"旨在"保护公共健康；专家组是否错误地援用了（a）和（j）项以及 GATS XIV（a）的法律标准。

关于第一点，为了符合（b）项，措施要为保护公共健康所必需，而为了确定是否为实现目标所"必需"，则需要先看措施是否与目标相关，或者能否实现目标。逻辑上，如果措施不能保护公共健康，则不符合（b）项，审查就此结束。然后，为了确定"能否"，则需要审查措施与目标之间的关系，考虑其设计（包括内容、机构和预期运行）。如果对"旨在"的审查结论是肯定的，那么就可以进一步审查"必需"，考虑影响的程度、对贸易的限制性和相关利益或价值的重要性，以及与可能存在的替代措施进行对比。过去案件中使用过这种两步分析法，只是专家组都比较谨慎，注意不让"旨在"分析影响"必需"分析中考虑一些关键因素。具体到本案，专家组确定了合理标准，并且据此认定，所谓风险只是理论、抽象或假想的，本地化要求追求的是产业政策而不是公共健康，本地化要求与确保持续供应安全、有效和优惠药品之目标没有合理关系。尽管专家组没有明示，但是这些标准和认定已经足以确认"旨在"要求没有得到满足。尽管专家组考虑了本地化要求对目标的影响，似乎进入了"必需"分析的范围，但这是在分析措施实施的背景下进行的。这两个步骤并非泾渭分明，在证据和分析方面可能会出现重叠，而专家组的分析没有混淆这两个步骤。

关于第二点，专家组使用了"实质可能的程度"一词，但并非提出一个法律标准，风险存在的标志。专家组并未排除一种可能性，即在缺乏"实质可能的程度"的情况下，应诉方仍然能够证明有关措施是为了保护公共健康，而只是说在缺乏这个标志的情况下，应诉方的举证任务更为困难。这个

　　　　　　　　　　　　WTO上诉仲裁第一案

说法不能理解为设定了一项错误的法律标准，从而构成了解释错误。

关于第三点，仲裁庭审查了专家组是否依据此前专家组和上诉机构报告设定了错误的法律标准，以及专家组是否对一个案件的专家组报告做出了错误解释，最后得出了否定结论。

在适用方面，土耳其称其解释和适用抗辩是相互独立的，但是从土耳其抗辩的形式看，适用却依赖于解释。在适用部分，土耳其实际上是重复了解释部分的说法，认为如果专家组采用了正确的法律标准，就应该认定措施"旨在"保护公共健康。唯一的例外是土耳其认为专家组重新界定了风险，使之比较狭隘，从而没有考虑土耳其提出的一些观点和证据。然而，土耳其在此处并非质疑专家组没有正确地将规定适用于本地化要求，而是关于专家组对待事实和证据的问题，但是并没有在 DSU 第 11 条项下提出。

综上所述，专家组在解释方面没有错误。同时，鉴于其主张的性质，土耳其没有证明专家组在适用方面存在错误。

2. DSU 第 11 条

根据 DSU 第 11 条，专家组应当考虑所有证据，评估其可信度，确定其分量，确保裁定具有适当的证据基础。然而，使用哪些证据却属于专家组的自由裁量权，而且只要对有关事项进行了客观评估（objective assessment），并不要求专家组对事实证据赋予与当事方相同的理解和分量。声称专家组没有进行客观评估，性质很严重，当事方应指明具体错误并且解释为什么此项错误达到了根据某项规则进行审查的标准。

首先，土耳其认为专家组没有审查所有与本地化要求的设计和结构相关的证据，以及有关负责设计和实施的主管部门方面的证据。

具体而言，关于设计和结构，土耳其认为专家组没有考虑措施的实施分为 5 个阶段，目的是鼓励在一定期限内进行本地生产，而不是对进口产品不予报销。然而，在设计部分，专家组指出本地化要求有 5 个阶段，根据市场份额和国内市场上等效产品的存在，逐步针对不同产品。专家组描述了措施的设计及其每个阶段，发现只有第一、二阶段已经实施，并且确定了不再被 SSI 报销的产品。因此，专家组对本地化要求及其实施阶段和当事方观点有广泛讨论。

关于主管部门，土耳其称专家组没有考虑相关证据。土耳其认为，负责公共卫生政策的主管部门负责设计和实施本地化要求，从而证明了其公共健康目标。然而，专家组提到了本地化要求的主要法律文件，即 2014—2018 年《第十个发展规划》、《医疗产业结构性改革方案行动计划》和 2016 年《第64 届政府行动计划》，也描述了主管部门，包括 TMMDA、SSI 和卫生部的职责。

其次，关于本地化要求的文件，土耳其认为专家组只是单独审查，而没有分析这些文件之间的相互关联。土耳其并非认为专家组没有审查文件，而是认为单独审查不能确认公共健康目标。

土耳其是在不同意专家组对于 GATT Article XX（b）的解释和适用的背景下提出"客观评估"

问题的。事实上，从本地化要求的设计、结构和主管部门，专家组得出了不同于土耳其的结论。这一事实以及单独审查文件，并不意味着专家组没有进行客观评估。如前所述，使用哪些证据属于专家组的自由裁量权，而且只要对有关事项进行了客观评估，并不要求专家组对事实证据赋予与当事方相同的理解和分量。此外，土耳其也没有解释"整体评估"为何及如何会导致专家组得出不同结论。

综上所述，专家组在事实判定方面没有超越权限，并非没有进行客观评估。

（二）GATT Article XX（d）

GATT Article XX（d）也是"一般例外"中的一种，即 WTO 成员可以采取"为了遵守并非与本协定不一致的法律法规所必需的措施……"（necessary to secure compliance with laws or regulations which are not inconsistent with the provisions of this Agreement…）。土耳其提出这个抗辩，专家组做出了非常简略的认定，核心内容只有两段，大致如下：

土耳其根据（d）项提出的请求，实质上与（b）项相同。具体而言，土耳其主张，其本地化要求是为了履行国内法义务，以实现有效的医疗保险制度，而这一目标与（b）项抗辩重合。因此，专家组对于（b）项的分析也适用于（d）项，本地化要求不能满足该例外条款的条件。

土耳其认为，专家组所适用的法律标准是错误的，因为此处是关于（d）而非（b）的抗辩，并且两项规则的标准有重大差异。

仲裁庭认为，专家组本应对（d）项条文进行拆解，形成几个累积性条件，例如相关法律法规及其是否与本协定不一致，本地化要求与所宣称目标是否有合理关系等，然后逐一对照，看看这些条件是否得到满足。然而，在这些条件中，措施与目标之间的关系显然是一项必要条件。也就是说，如果其关系不能得到确定，则（b）项就不能得到满足。专家组只提及了这项条件，并且由于两项抗辩重合，认为其（b）项分析同样适用于（d）项，这样已经足以得出本地化要求不符合（d）

项结论。因此，专家组将（b）项分析延伸到（d）项，没有法律错误。

结　语

"土耳其药品案"仲裁庭第一次对 GATT III.8（a）中的"products purchased"做出解释，通过对这个短语的语义（语法）分析，认为购买者并未被限定为"governmental agencies"，从而认定专家组报告存在错误。但是结合本案事实，仲裁庭从"procurement by governmental agencies"出发，认为土耳其政府机构没有从事采购行为，因此支持了专家组的最终认定，即"本地化要求"不属于 GATT III.8（a）范围。此外，仲裁庭对于 GATT XX（b）的分析，特别是关于"design"和"necessity"之间关系的澄清，以及对于专家组过于简短的 GATT XX（d）结论的拓展性理解，更为充分地说明了（b）部分分析可以适用于（d）部分，也有一定的创新。

当然，法律人士是否同意以上分析，则有待进一步观察。毕竟，法律问题往往就是有争议的问题，甚至会"公说公有理婆说婆有理"，而争端解决机构做出的裁决，未必像数理化一样，是唯一正确的答案。实事求是地说，在具体案件中，如果能够在考虑各种可能性后，在充分说理的基础上做出最优选择，那么一项裁决就是好裁决。此外，由于仲裁的临时性，本案裁决在未来争端解决机制中的地位，特别是未来案件的专家组和上诉机构能否认同其分析和结论，也有待进一步观察。但是可以预期，本案会在未来案件中被援引。

不管怎么样，作为 WTO 上诉仲裁第一案，仲裁庭不仅"临危受命"，在上诉机制缺失的情况下就有关成员之间的争端做出了裁决，而且在条约解释和适用方面作出了贡献。从这个意义上说，仲裁庭功不可没，值得称道；本案也影响深远，必将成为 WTO 争端解决历史上的经典案例。

补注：裁决公布后，欧盟发表声明，盛赞仲裁庭的工作。① 8 月 29 日，土耳其正式宣布，愿意执行裁决。②

---

① 见欧盟网站：https://ec.europa.eu/commission/press-corner/detail/en/ip_22_4670。访问日期：2022 年 9 月 27 日。

② 土耳其正式向 DSB 提交了文件，并且在 8 月 29 日 DSB 例会上做出了明确表态。见 WTO 文件：WT/DS583/15；WTO 网站：https://www.wto.org/english/news_e/news22_e/dsb_29aug22_e.htm。 访问日期：2022 年 9 月 27 日。

后　记

裁决公布后，我用了两个多月时间整理本书中的文字，其中主要是编译专家组报告和仲裁裁决的内容。

前言中提及审案过程中对专家组报告的全面和反复研读，以便准确理解，做出是非判断。实事求是地说，由于期限的约束，审案时偏重于基本含义。相比之下，编译中则是仔细咀嚼，字斟句酌。时间宽裕，还要组织成通顺中文，使得这次阅读有了更多体会。首先是细节和理解。事实中的很多细节，打通了本案来龙去脉的很多节点，在我的面前呈现出一个完整的故事，而未上诉的法律部分，则让我对本案所涉及的法律问题有了更加完整的理解。其次是亲切和感叹。WTO成立20多年来，受理了几百个案件，专家组报告早已形成一定套路，而且是我久已熟悉的——过去，特别是从事争端解决工作期间，不知道读过多少个专家组报告。但是一字一句地整理成中文，已经是很久以前的事情了。当然，亲切感的来源，核心是专家组分析的精妙，逻辑严谨，精彩纷呈。最后是质疑和腹诽。对于专家组的一些分析，甚至是对于当事方的一些说法，我仍然有不解，甚至不同意之处。当然，由于仲裁员的特殊身份，我不便在整理文字的时候提出来，只能满腹狐疑或会心一笑。专家组和当事方都是人组成的，人无完人。

"人无完人"是客观现实，也应该适用于仲裁裁决。回过头来仔细咀嚼曾经参与讨论撰写的文字，确实发现一些地方可以写得更好。专家组报告已经非常精妙，而我们"站在巨人肩膀上"，理应做出更加高明的分析。但是"人无完人"，何况我们时间紧、任务重，首要目标是在规定时限内做出裁决，而不是在宽松环境中写作论文。然而，同样由于特殊身份，本书不能具体记录哪些地方"可以写得更好"。

编译专家组报告和仲裁裁决，经常沉浸在法律思维的乐趣中，感到莫大的精神享受，而作为"局内人"，有些想法不能诉诸文字，也感到些许遗憾。我会让同学们认真研读这个案件，让他们体会法律思维的魅力，受到法律思维的训练。"世界贸易组织法 中国案例研究"课程资料就是我曾经参与处理过的案件，而这个案件，又增加了一份优质资料。如果同学们在欣赏之余提出质疑和批评，则是应该受到鼓励的。这样，我的遗憾也会得到一定程度上的弥补。

2022 年 9 月 26 日

附　件

一、上诉仲裁协议

ANNEX A-1

AGREED PROCEDURES FOR ARBITRATION UNDER ARTICLE 25 OF THE DSU *

Notified by the parties to the Dispute Settlement Body on 22 March 2022

1. Taking into account that the Appellate Body is not presently able to hear an appeal[①] in this dispute

---

*　WT/DS583/10.

①　The parties recall that, in concluding this agreement, they aim to maintain their rights and obligations under the WTO

the European Union and Turkey (hereafter the "par-
ties") mutually agree pursuant to Article 25.2 of the
Understanding on Rules and Procedures Governing
the Settlement of Disputes (DSU) to enter into arbitra-
tion under Article 25 of the DSU to decide any appeal
from any final panel report[①] as issued to the parties in
dispute DS583. Any party to the dispute may initiate
arbitration in accordance with these agreed procedures.

2. The arbitration may only be initiated if the
Appellate Body is not able to hear an appeal in this
dispute under Article 16.4 and 17 of the DSU. For the
purposes of these agreed procedures, such situation is

---

dispute settlement system, including its mandatory and binding
character and two levels of adjudication through an independent
and impartial review of panel reports, until such time as the Appel-
late Body may again be able to hear appeals pursuant to Articles
16.4 and 17 of the DSU.

① For greater certainty, this includes any final panel report
issued in compliance proceedings pursuant to Article 21.5 of the
DSU.

deemed to arise where, on the date of issuance of the final panel report to the parties, there are fewer than three Appellate Body members.

For greater certainty, if the Appellate Body is able to hear appeals at the date on which the final panel report is issued to the parties, a party may not initiate an arbitration, and the parties shall be free to consider an appeal under Articles 16.4 and 17 of the DSU.

3. In order to facilitate the proper administration of arbitration under these agreed procedures, the parties hereby jointly request the panel to notify the parties of the anticipated date of circulation of the final panel report within the meaning of Article 16 of the DSU, no later than 45 days in advance of that date.

The parties note that, with regard to the present panel proceedings, the panel has already notified the parties of the anticipated date of circulation of the final report within the meaning of Article 16 of the DSU.

4. Following the issuance of the final panel report to the parties, but no later than 10 days prior to the anticipated date of circulation of the final panel report to the rest of the Membership, any party may request that the panel suspend the panel proceedings with a view to initiating the arbitration under these agreed procedures. Such request by any party is deemed to constitute a joint request by the parties for suspension of the panel proceedings for 12 months pursuant to Article 12.12 of the DSU.

The parties note that the present panel proceedings were already suspended on 20 December 2021 (until 21 January 2022), which suspension was extended on 20 January 2022 (until 11 February 2022), on 9 February 2022 (until 25 February 2022) and on 23 February 2022 (until 25 March 2022). The notification of the present agreement to the panel shall be deemed to constitute a joint request by the parties for further indefinite suspension pursuant to Article 12.12 of the

DSU.

The parties hereby jointly request the panel to provide for the following, before the suspension takes effect:

i the immediate transmission of the final panel report, on a provisional basis, to the arbitrators and the lifting of confidentiality for that sole purpose;

ii the transmission of the panel record to the arbitrators upon the filing of the Notice of Appeal : Rule 25 of the Working Procedures for Appellate Review shall apply mutatis mutandis;

iii the lifting of confidentiality with respect of the final panel report under the Working Procedures of the panel and the transmission of the final panel report, duly adjusted for translation, in the working languages of the WTO to the parties, to the third parties and to the arbitrators.[①]

---

① The parties confirm that it is not their intention that the

The parties note that the present panel proceedings are already suspended but, by way of derogation therefrom, nevertheless affirm the limited joint requests in the preceding paragraph, to be executed, to the extent relevant, with effect from the date of the filing of a Notice of Appeal, and as soon as the arbitrators are appointed.

Except as provided in paragraphs 6 and 18, the parties shall not request the panel to resume the panel proceedings.

5. The arbitration shall be initiated by filing of a Notice of Appeal with the WTO Secretariat no later than 30 days after the suspension of the panel proceedings referred to in paragraph 4 has taken effect. The Notice of Appeal shall include the final panel report in the working languages of the WTO. The Notice of Ap-

---

panel report be circulated within the meaning of Article 16 of the DSU.

peal shall be simultaneously notified to the other party or parties and to the third parties in the panel proceedings. Rules 20-23 of the Working Procedures for Appellate Review shall apply mutatis mutandis.

The parties agree that, because the present panel proceedings have already been suspended, the time limit for the filing of a Notice of Appeal shall be no later than 30 days from the date on which this agreement is notified to the DSB.

6. Subject to paragraph 2, where the arbitration has not been initiated under these agreed procedures, the parties shall be deemed to have agreed not to appeal the panel report pursuant to Articles 16.4 and 17 of the DSU, with a view to its adoption by the DSB. If the panel proceedings have been suspended in accordance with paragraph 4, but no Notice of Appeal has been filed in accordance with paragraph 5, the parties hereby jointly request the panel to resume the panel proceedings.

7. The arbitrators shall be three persons randomly selected, in the physical presence of representatives of the parties, from a combined list of former Appellate Body Members and appeal arbitrators.[①] The random selection will be conducted at the same time as the random selection in DS595 *European Union – Safeguard Measures on Certain Steel Products*, so as to ensure that one randomly selected appeal is heard by two former Appellate Body Members and one MPIA appeal arbitrator whilst the appeal in the other dispute is heard by one former Appellate Body Member and two MPIA appeal arbitrators. If there is only one appeal it will be heard by one former Appellate Body Member, one MPIA appeal arbitrator, and the third person shall be drawn at random from the remaining persons on the combined list. The random selection shall be made immediately after the filing of any notice of appeal

---

① JOB/DSB/1/Add.12/Suppl.5, 3 August 2020.

and the arbitrators informed immediately. The parties and third parties will be informed of the results of the selection immediately, once any notice of cross-appeal has been filed. The arbitrators shall elect a Chairperson. Rule 3(2) of the Working Procedure for Appellate Review shall apply, mutatis mutandis, to the decision-making by the arbitrators. In the event of compliance appeal arbitration proceedings the arbitrators shall be the same persons that adjudicated the previous appeal arbitration proceedings, if available. If a person is not available or becomes unavailable in the original or any compliance proceedings, a replacement shall be drawn at random from the combined list of persons who are available. If no persons are available on the combined list, the parties shall agree on a reasonable method for appointing a replacement, taking into account the approach used in the original proceedings. If no agreement can be reached within one month, either party may request the Director-General to appoint a replacement, taking into account the approach used in the original proceedings.

8. In order to promote consistency and coherence in decision making in this dispute and in dispute DS595 *European Union – Safeguard Measures on Certain Steel Products*, the arbitrators may, upon consultation of the parties, inform the arbitrators in the other dispute of the issues susceptible to be adjudicated, who may comment thereon, without prejudice to the exclusive responsibility and freedom of the arbitrators in this dispute with respect to such decisions and their quality, and without prejudice to their independence and impartiality. Where necessary, the arbitrators in both appeals may receive any document relating to the other appeal.

9. An appeal shall be limited to issues of law covered by the panel report and legal interpretations developed by the panel. The arbitrators may uphold, modify or reverse the legal findings and conclusions

of the panel. Where applicable, the arbitration award shall include recommendations, as envisaged in Article 19 of the DSU. The findings of the panel which have not been appealed shall be deemed to form an integral part of the arbitration award together with the arbitrators' own findings.

10. The arbitrators shall only address those issues that are necessary for the resolution of the dispute. They shall address only those issues that have been raised by the parties, without prejudice to their obligation to rule on jurisdictional issues.

11. Unless otherwise provided for in these agreed procedures, the arbitration shall be governed, mutatis mutandis, by the provisions of the DSU and other rules and procedures applicable to Appellate Review. This includes in particular the Working Procedures for Appellate Review and the timetable for appeals provided for therein as well as the Rules of Conduct. The arbitrators may adapt the Working Procedures for Appel-

late Review and the timetable for appeals provided for therein, where justified under Rule 16 of the Working Procedures for Appellate Review, after consulting the parties.

12. The parties request the arbitrators to issue the award within 90 days following the filing of the Notice of Appeal. To that end, the arbitrators may take appropriate organizational measures to streamline the proceedings, without prejudice to the procedural rights and obligations of the parties and due process. Such measures may include decisions on page limits, time limits and deadlines as well as on the length and number of hearings required.

13. If necessary in order to issue the award within the 90 day time-period, the arbitrators may also propose substantive measures to the parties, such as an exclusion of claims based on the alleged lack of an objective assessment of the facts pursuant to Article 11

of the DSU.[1]

14. On a proposal from the arbitrators, the parties may agree to extend the 90 day time-period for the issuance of the award.

15. The parties agree to abide by the arbitration award, which shall be final. Pursuant to Article 25.3 of the DSU, the award shall be notified to, but not adopted by, the DSB and to the Council or Committee of any relevant agreement.

16. Only parties to the dispute, not third parties, may initiate the arbitration. Third parties which have notified the DSB of a substantial interest in the matter before the panel pursuant to Article 10.2 of the DSU may make written submissions to, and shall be given

---

[1] For greater certainty, the proposal of the arbitrators is not legally binding and it will be up to the party concerned to agree with the proposed substantive measures. The fact that the party concerned does not agree with the proposed substantive measures shall not prejudice the consideration of the case or the rights of the parties.

an opportunity to be heard by, the arbitrators. Rule 24 of the Working Procedures for Appellate Review shall apply mutatis mutandis.

17. Pursuant to Article 25.4 of the DSU, Articles 21 and 22 of the DSU shall apply mutatis mutandis to the arbitration award issued in this dispute.

18. At any time during the arbitration, the appellant, or other appellant, may withdraw its appeal, or other appeal, by notifying the arbitrators. This notification shall also be notified to the panel and third parties, at the same time as the notification to the arbitrators. If no other appeal or appeal remains, the notification shall be deemed to constitute a joint request by the parties to resume panel proceedings under Article 12.12 of the DSU.[①] If an other appeal or appeal remains at

---

① If the authority of the panel has lapsed pursuant to Article 12.12 of the DSU, the arbitrators shall issue an award that incorporates the findings and conclusions of the panel in their entirety.

the time an appeal or other appeal is withdrawn, the arbitration shall continue.

19. The parties shall jointly notify these agreed procedures to the panel in DS583 and ask the panel to grant, where applicable, the joint requests formulated in paragraphs 4, 6, and 18.[①]

二、上诉仲裁工作程序

ANNEX A-2

WORKING PROCEDURES FOR ARBITRA-TION UNDER ARTICLE 25 OF THE DSU
Adopted by the Arbitrators on 10 May 2022
1 General

1. In these proceedings, the arbitrators are called

---

① For greater certainty, should any of these requests not be granted by the panel, the parties will agree on alternative procedural modalities to preserve the effects of the relevant provisions of these agreed procedures.

upon to decide claims in the context of an arbitration under Article 25 of the Understanding on Rules and Procedures Governing the Settlement of Disputes (DSU). The arbitrators shall follow the relevant provisions of the DSU and the Agreed Procedures for Arbitration under Article 25 of the DSU (WT/DS583/10) agreed by the parties to this dispute (the Agreed Procedures).

2. These Working Procedures consolidate aspects of the DSU and the Agreed Procedures applicable to the present arbitration, and provide additional details to facilitate these arbitration proceedings.[①] The Working Procedures are in accordance, and should be read

---

[①] Paragraph 11 of the Agreed Procedures provides that "[t]he arbitrators may adapt the Working Procedures for Appellate Review and the timetable for appeals provided for therein, where justified under Rule 16 of the Working Procedures for Appellate Review, after consulting the parties". The present Working Procedures were adopted following consultations with the parties on 10 May 2022.

in conjunction, with the DSU and the Agreed Procedures.

3. The arbitrators may modify these Working Procedures as necessary, after consultation with the parties.

2 Language of the arbitration

4. The working language of the arbitration shall be English.

3 Decision-Making

5. Decisions relating to the current proceedings shall be taken by the three arbitrators selected for this arbitration.

6. The arbitrators shall make every effort to take their decisions by consensus. Where a decision cannot be arrived at by consensus, the matter at issue shall be decided by a majority vote, without prejudice to the possibility that a concurring or dissenting arbitrator may express the reasons leading to the sense of his vote on an anonymous basis.

4 Chairperson

7. The arbitrators shall elect a Chairperson among themselves.

8. The responsibilities of the Chairperson shall include: (a) coordinating the overall conduct of the proceedings; (b) chairing any hearings and meetings related to the proceedings; (c) receiving all requests for staff support from the arbitrators on the appeal and coordinating the provision of such support; and (d) coordinating the drafting of the award.

5 Confidentiality

9. The deliberations of the arbitrators and the documents submitted to them shall be kept confidential.[①] Members shall treat as confidential any information that is submitted to the arbitrators which the submitting Member has designated as confidential.

---

① The arbitrators are also bound by Article VII of the Rules of Conduct for the Understanding on Rules and Procedures Governing the Settlement of Disputes.

10. Upon request, the arbitrators may adopt appropriate additional procedures for the treatment and handling of any confidential information after consultation with the parties.

6 Written Submissions

11. Each party shall file written submissions in accordance with time-periods set out in the working schedule referred to in Section 12 below.

12. Third parties that choose to provide a written submission shall do so in accordance with the time-periods set out in the working schedule referred to in Section 12 below.

13. In order to enhance procedural efficiency and facilitate meeting the 90-day time-period, the arbitrators request parties and third parties to keep their submissions as concise as possible and to focus on the main claims and outstanding differences, bearing in mind that the arbitrators will have read the Panel Report and have access to the Panel Record.

Therefore, there is no need to repeat facts, arguments, or findings set out in either the Panel Report or Panel Record (cross-references can be made and will suffice).

14. As an indicative guideline, the arbitrators suggest that the parties' submissions, excluding the executive summary referred to in paragraph 15 below, should normally be limited to a maximum of 40,000 words or 40% of the word count of the Panel Report, whichever is the highest.

15. A written submission filed by a party or a third party shall be accompanied by or include an executive summary of such written submission. The maximum length of each executive summary shall be limited to the longer of 250 words or 10% of the total word count of the written submission itself. Executive summaries will be annexed as addenda to the arbitration award, and the content of such executive summaries will not be revised or edited by the arbi-

trators.[①] These executive summaries do not serve as a substitute for the submissions of the parties and third parties in the arbitrators' examination of the claims.

7 Process

16. In the interests of fairness and orderly procedure in the conduct of these proceedings, where a procedural question arises that is not covered by the Agreed Procedures or these Working Procedures, the arbitrators may adopt an appropriate procedure for the purposes of that question. Where such a procedure is adopted, the arbitrators shall immediately notify the parties to the dispute and the third parties.

17. In exceptional circumstances, where strict adherence to a time-period set out in these Working Procedures would result in a manifest unfairness, a party to the dispute or a third party may request that the ar-

---

① The text may need to be formatted prior to circulation in order to adhere to WTO document style.

bitrators modify a time-period set out in these Working Procedures for the filing of documents or for the hearing. Where such a request is granted by the arbitrators, any modification of time shall be notified to the parties to the dispute and the third parties in a revised working schedule.

8 Ex Parte Communications

18. Arbitrators shall not meet with or contact one party in the absence of the other party to the dispute. Likewise, they shall not meet with or contact one or more third parties in the absence of the parties to the dispute and other third parties.

19. No arbitrator may discuss any aspect of the subject matter of this arbitration with any party to the dispute or third party in the absence of the other arbitrators.

9 Commencement of the arbitration and TUR-KEY's written Submission

20. These arbitration proceedings were initiated

by Turkey on 25 April 2022 (WT/DS583/12). On the same day, Turkey filed a written submission, which includes an executive summary.

10 European Union's written Submission

21. Should the European Union wish to respond to the allegations raised by Turkey in its written submission, it may, in accordance with the time-periods set out in the working schedule referred to in Section 12 below, file with the Secretariat a written submission, accompanied by or including an executive summary, and serve a copy of the written submission on Turkey and on third parties.

22. The written submission referred to in paragraph 21 above shall: (a) be dated and signed by the European Union; and (b) set out: (i) a precise statement of the grounds for opposing the specific allegations of errors in the issues of law covered in the Panel Report and legal interpretations developed by the Panel raised in Turkey's written submission, and the

legal arguments in support thereof; (ii) an acceptance of, or opposition to, each ground set out in Turkey' s written submission; (iii) a precise statement of the provisions of the covered agreements and other legal sources relied on; and (iv) the nature of the decision or ruling sought.

11 Third Parties

23. Any third party, which has notified the DSB of a substantial interest in the matter before the Panel pursuant to Article 10.2 of the DSU, may file a written submission containing the grounds and legal arguments in support of its position, accompanied by or including an executive summary. Such written submission shall be filed in accordance with the time-periods set out in the working schedule referred to in Section 12 below.

24. A third party not filing a written submission shall, within the same time-period, notify the Secretariat in writing if it intends to appear at the hearing, and,

if so, whether it intends to make an oral statement.

25. Third parties are encouraged to file written submissions to facilitate their positions being taken fully into account by the arbitrators and in order that parties and other third parties have notice of positions to be taken at the hearing. The arbitrators suggest that third parties that wish to make a submission should normally limit it to a maximum of 9,000 words.

26. Any third party that has neither filed a written submission pursuant to paragraph 23 above, nor notified the Secretariat pursuant to paragraph 24, may notify the Secretariat that it intends to appear at the hearing, and may request to make an oral statement at the hearing. Such notifications and requests should be notified to the Secretariat in writing at the earliest opportunity.

12 Working Schedule

27. The working schedule attached to these Working Procedures (Annex) sets forth dates for the filing of documents and a timetable for the arbitrators'

work, including the date for a hearing. Each party shall file written submissions in accordance with the time-periods stipulated in the working schedule. Likewise, third parties that choose to provide a written submission shall do so in accordance with the time-periods stipulated in the working schedule.

28. The arbitrators shall issue the award within 90 days following the commencement of this arbitration. If necessary, in order to issue the award within the 90-day time-period, the arbitrators may propose substantive measures to the parties.[1]

29. On a proposal from the arbitrators, the parties may agree to extend the 90-day time-period for the issuance of the award.

---

[1]   A proposal by the arbitrators shall not be legally binding and it will be up to the party concerned to agree with the proposed substantive measures. The fact that the party concerned does not agree with the proposed substantive measures shall not prejudice the consideration of the case or the rights of the parties.

13 Hearing

30. The arbitrators shall hold a hearing with the parties and third parties in accordance with the time-periods set out in the working schedule referred to in Section 12 above.

31. Any third party that has filed a written submission pursuant to paragraph 23, or has notified the Secretariat pursuant to paragraph 24, that it intends to appear at the hearing, may appear at the hearing, make an oral statement at the hearing, and respond to questions posed by the arbitrators.

32. Any third party that has notified the Secretariat pursuant to paragraph 26 that it intends to appear at the hearing may appear at the hearing. Such third party may, at the discretion of the arbitrators, taking into account the requirements of due process, make an oral statement at the hearing, and respond to questions posed by the arbitrators.

33. The arbitrators suggest that opening state-

ments by parties be limited to 35 minutes each; opening statements by third parties be limited to 7 minutes each; and that closing statements by parties be limited to 10 minutes each.

34. Each party and third party has the right to determine the composition of its own delegation at the hearing. Each party shall have the responsibility for all members of its delegation and shall ensure that each member of its delegation acts in accordance with the DSU, the Agreed Procedures, and these Working Procedures, particularly with regard to the confidentiality of the proceeding and the submissions of the parties and third parties. Each party shall provide to the Secretariat the list of members of its delegation no later than 17:00 (Geneva time) three working days before the first day of the hearing.

35. A request by a party for interpretation from one WTO language to another should be made to the Secretariat as early as possible to allow sufficient time

to ensure availability of interpreters.

14 Written Responses

36. At any time during the proceedings, including, in particular, during the hearing, the arbitrators may address questions orally or in writing to, or request additional memoranda from, any party or third party, and specify the time-periods by which written responses or memoranda shall be received. The arbitrators will endeavour to address written questions to the parties, if any, in advance of the hearing.

37. Any such questions, responses, or memoranda shall be made available to the other parties and third parties, who shall be given an opportunity to respond.

15 Service of Documents

38. No document shall be considered filed with the arbitrators unless the document is received by the Secretariat within the time-period set out for filing in accordance with these Working Procedures and the working schedule in the Annex.

39. Each party or third party shall file documents to the arbitrators by submitting them via the Disputes On-Line Registry Application (DORA) https://dora.wto.org by 17:00 (Geneva time) on the day that the document is due. Electronic copies of documents shall be preferably provided in both Microsoft Word and PDF format. The electronic version uploaded into DORA shall constitute the official version for the purposes of submission deadlines and the record of the dispute. Upload of a document into DORA shall constitute electronic service on the arbitrators, the other party, and the third parties.

40. If any party or third party has any questions or technical difficulties relating to DORA, they are invited to contact the DS Registry (DSRegistry@wto.org).

41. If any party or third party is unable to meet the 17:00 (Geneva time) deadline because of technical difficulties in uploading these documents into DORA, the party or third party concerned shall inform the DS

Registry (DSRegistry@wto.org) without delay and provide an electronic version of all documents to be submitted to the arbitrators through the electronic mail address arbitration25@wto.org copied to DSRegistry@wto.org, parties, and third parties.

42. Upon authorization by the arbitrators, a party or third party may correct clerical errors in any of its documents (including typographical mistakes, errors of grammar, or words or numbers placed in the wrong order). The request to correct clerical errors shall identify the specific errors to be corrected and shall be filed with the Secretariat promptly following the filing of the submission in question. A copy of the request shall be served upon the other parties and third parties, each of whom shall be given an opportunity to comment in writing on the request. The arbitrators shall notify the parties and third parties of their decision.

43. As a general rule, all communications from the arbitrators to the parties and third parties will be

via electronic mail (arbitration25@wto.org) and up-
loaded in DORA. In addition to transmitting the award
to the parties in electronic format, the arbitrators shall
provide them with a paper copy.

Annex: Working Schedule

Process	Days	Date
Commencement of the arbitration process and Turkey's written submission	0	Monday, 25 April 2022
European Union's written submission	18	Friday, 13 May 2022
Third parties' written submission	21	Monday, 16 May 2022
Hearing		Tuesday 21 June and Wednesday 22 June 2022 (Thursday 23 June 2022 in reserve)
Issuance of the Award	91	Monday, 25 July 2022 (given that day 90 falls on a Sunday)

责任编辑：洪　琼

图书在版编目（CIP）数据

WTO 上诉仲裁第一案："土耳其药品案"研究/杨国华　著．—北京：
　人民出版社，2023.6
ISBN 978－7－01－025524－8

I.① W… 　II.①杨… 　III.①药品管理－世界贸易组织－国际商事仲裁－
　案例－研究 　IV.① F743 ② D997.4

中国国家版本馆 CIP 数据核字（2023）第 046430 号

WTO 上诉仲裁第一案

WTO SHANGSU ZHONGCAI DIYI'AN

——"土耳其药品案"研究

杨国华　著

人民出版社 出版发行

（100706　北京市东城区隆福寺街 99 号）

北京中科印刷有限公司印刷　新华书店经销

2023 年 6 月第 1 版　2023 年 6 月北京第 1 次印刷

开本：850 毫米 ×1168 毫米 1/32　印张：6.625

字数：100 千字

ISBN 978－7－01－025524－8　定价：45.00 元

邮购地址 100706　北京市东城区隆福寺街 99 号

人民东方图书销售中心　电话（010）65250042　65289539